IMF 10년, 한국사회 다시 보다

나남
nanam

박 길 성 (朴吉聲)

강원도 명주 출생
고려대학교 사회학과 졸업
미국 위스콘신대학교 사회학박사
고려대학교 사회학과 교수
미국 유타주립대학교 겸임교수
한국청년정책연구원 원장

· 저서
《세계화: 자본과 문화의 구조변동》
《한국사회의 재구조화: 강요된 조정, 갈등적 조율》
《경제사회학이론》(공저)
《현대 한국인의 세대경험과 세대문화》(공저)
《한국사회 권력이동》(공저) 등

나남신서 1266
IMF 10년, 한국사회 다시 보다

2008년 1월 15일 발행
2008년 4월 5일 2쇄

저자_ 朴吉聲
발행자_ 趙相浩
발행처_ (주) 나남
주소_ 413-756 경기도 파주시 교하읍
출판도시 518-4
전화_ (031) 955-4600 (代)
FAX_ (031) 955-4555
등록_ 제 1-71호(79.5.12)
홈페이지_ http://www.nanam.net
전자우편_ post@nanam.net

ISBN 978-89-300-8266-2
ISBN 978-89-300-8001-9
책값은 뒤표지에 있습니다.

나남신서 1266

IMF 10년, 한국사회 다시 보다

박 길 성

나남
nanam

머·리·말

이 책은 외환위기 이후 한국사회 10년의 기록이다. 이 책은 소통의 지혜를 찾으려는 비평이다. 이 책은 작은 감동의 이야기를 모은 에세이다. 그리고 이 책은 앞으로 10년을 향한 제언이다.

지금으로부터 10년 전인 1997년 11월 21일 한국 정부는 IMF에 구제금융을 요청하였다. 12월 3일 양측의 협상이 타결되었고, 이후 한국의 현대사는 'IMF 체제의 시대'로 분류된다.

10년의 단위가 뭐 그리 대단하겠냐마는 그래도 한 번 정리해두고 넘어가고 싶었다. 한 해의 계획으로는 곡식을 심는 일만큼 중요한 것이 없고, 십 년의 계획으로는 나무를 심는 일 만큼 중요한 것이 없다는 "一年之計 莫如種穀, 十年之計 莫如種樹"(管子)의 글귀에 기대어, 자연의 변화와 인간생활의 변화를 10년 단위로 끊어서 생각하는 것은 성찰의 지점으로 명분이 있어 보인다. 그리고 10년의 세월 동안 어떤 나무를 몇 그루나 심었는지 스스로에게 물어본다.

언제 다시 새순 틔우고 꽃망울 터트릴 날이 올지 되묻고 되물으며, 어디에 말을 걸어야 할지 몰라 안으로 안으로만 분노를 삭여야 했던 10년 전을 기억하는 일은 결코 즐거운 일이 못된다. 기억하고 싶지 않은 불편한 일들이지만 이 안에 진실이 있기에, 불편한 진실들을 들춰본다.

IMF의 실험장이 되어버린 한국, 글로벌 스탠더드에 휘둘린 한국, 과거를 버린 한국, 미래와 모험과 도전보다 현실과 생존과 적응에 연연하는 한국, 과도한 쏠림의 함정에서 좀처럼 벗어나지 못하는 한국. 극단의 시대를 지나며, 그 모습을 그려본다.

버려야 할 것은 분명했다. 그러나 버려진 자리는 있으나 무엇을 새로이 만들어 내야 할 것에 대한 합의에는 이르지 못하고 있다. 한국형의 발전모델은 폐기하였지만 대안모델은 좀처럼 제시되지 않는다. 갈등은 있으나 이를 조정하고 통합할 제도는 취약하다. 사적 이해는 끊임없이 분출하나 공적 이해를 담아내는 공공선의 창출은 미약하다. 어디 이것들뿐이겠는가.

반 발짝이라도 앞선 성찰을 얻고 싶었다. 있을지도 모를 어려운 일에 대비하기 위해 무언가 모아두는 마음 같은 것 말이다. 앞으로 10년의 지혜를 소통에서 찾아본다. 과거와 미래의 소통, 글로벌과 로컬의 소통, 책과 사람의 소통, 안과 밖의 소통, 씨줄과 날줄의 소통, 지켜봄과 불러봄의 소통.

사실 나에게는 앙가주망(참여)과 노마드(유목) 모두 흠모의 대상이었다. 이를 편력(遍歷)의 미학, 소통의 미학이라고 변명하면서 말이다. 여기에 실린 글은 한국사회 10년의 행로를 담아내는 조촐한 것들이다. 정치가십류의 글은 가능하면 싣지 않으려 하였다. 하나의 울타리와 색조 안에 녹여지는 것들로만 모아 보았다. 그러나 '지니고 있는 것만으로도 소중한 책'과는 거리가 먼 듯하다. 일상과 친숙에서 벗어나고 싶어 생각이 분주했다는 것만 전달되었으면 한다. 이번에도 나남출판에 신세를 졌다.

누구를 대하든, 어떤 사물을 대하든 치우침이 있어서는 안 된다는 어머니의 말씀을 깊이 새긴다. 이 책을 어머니께 바친다.

2007년 12월
안암동 연구실에서
박 길 성

나남신서 1266

IMF 10년, 한국사회 다시 보다

차 례

제 2 부 IMF를 넘어 성숙사회로

제 3 부 글로벌과 로컬의 소통

제 4 부 책과 사람의 이야기

제 1 부

10년의 스케치

그 후 10년의 사회심리

'한국적인 것'을 잃어버린 10년의 아노미

외환위기, IMF 관리체제, 구조조정으로 이어지는 지난 10년은 한국적인 것이라고는 그 어느 하나 온전하게 남겨지지 않은 거친 세월이었다. 고도성장에 익숙한 한국인에게, 평생직장에 길들여진 한국인에게, 공동체의 보살핌을 의심하지 않았던 한국인에게, 한때나마 자신들의 발전 모델에 자부심을 가졌던 한국인에게 지난 10년의 삶은 한국적인 것을 송두리째 버려야 하는 가혹한 시간의 연속이었다. 고도성장, 평생직장, 공동체, 한국적 발전모델 … , 한국적인 것이라고는 그 어느 하나 온전하게 평가를 받은 것이 없다 하여도 과히 지나친 말이 아니다.

지난 10년 동안 한국사회는 이중의 압박을 받았다. 하나는 국제금융과 신용평가와 같은 외적 자본에 의한 압박이었으며, 다른 하나는 세계화가 만들어내는 불확실한 환경에 의한 압박이었다. 하나같이 한국적인 것의 포기를 강요하였다. 기존의 제도는 말할 것도 없고, 전통과 관습, 심지어는 규범과 가치마저도 버릴 것을 요구한 것이다. 무한경쟁의 시장담론만이 팽배하였다. 다양한 질서를 용납하지 않았다. 정체불명의 글로벌 스탠더드를 읽어내기까지 엄청난 대가를 치렀다. 미국식 제도를 닮으라는 강요를 끈질기게 받았다.

IMF 10년은 한국사회를 일종의 구조적 아노미로 몰아갔다. 개혁과 혁신의 구호 속에서 변화해야 한다는 당위만 강조되었지 정작 어떻게 변화해야 한다는 가이드라인은 좀처럼 손에 잡히지 않는 답답함의 연속이었다. 나의 삶을 보장해주지 못하면 그 어떤 것에도 미련 두지 않겠다는 탈착의 현상이 가속화된 것이다.

성공, 도전, 모험의 사회가치는 점차 생존, 적응, 안정의 사회가치로 바뀌었으며, 장밋빛 미래보다는 안정적 현실을 선호하기에 이르렀다. 도전추구는 모험기피로 변질되었으며, 소극적이며 도피적인 실용주의와 실리주의가 생활의 지혜로 등장했다.

IMF 10년의 구조조정은 물적 토대는 말할 것도 없고 제도의 변화를 수반하였다. 생활의 방식과 태도의 변화를 요구하고 나선 것이다. 특히 1990년대 말은 한국사회에서 인터넷을 앞세운 정보화가 일상생활과 접목되는 시기였던 만큼, 정보화와 맞물린 외환위기로 인한 사회변화의 진폭은 매우 넓었으며, 변화의 속도는 매우 빨랐다. 미처 익숙해지기도 전에 새로운 변화가 밀어닥쳤고 또 다른 환경에 적응하느라 전전긍긍했다. 이렇듯 한국인은 무엇이 원인인지도 잘 모르는 구조적 아노미를 경험하면서 생존을 위한 소박한 출구찾기를 터득해야 했다.

'반짝'했던 모험과 도전정신

외환위기 이후 한국사회를 관통하는 가장 큰 변화는 사회 전반적으로 미래지향적 모험과 도전정신이 약화되고 현실적 안정과 적응이 지배적 사회흐름으로 등장한 것이다. 그러나 처음부터 획일적으로 안정과 모험기피로 주저앉은 것은 결코 아니다. 돌이켜보면 외환위기 이후 몇 년 동안은 불확실한 격동의 공간을 모험과 도전으로 극복하려는 움직임이 강하게 등장했다.

모험과 도전으로 위기를 극복하고 이것을 기회로 만들어 내자는 슬로건 속에서 성공사례도 심심찮게 소개됐다. 실체가 분명하지는 않았지만 이른바 신지식인의 이름으로 등장한 성공사례가 대대적으로 홍보되기도 했다. 어느 한적한 시골길에서조차 신지식인의 성공사례를 알리는 현수막을 볼 수 있었다. 언론 역시 이의 정체에 대해 확신도 없이 홍보의 대열에 합류했다. 벤처, 창업, 대박이 가능성으로 동원된 것이다.

그러나 이러한 가능성의 신화는 그리 오래 가지 않았다. 시간이 흐르면서 벤처는 버블로, 창업은 허구인 것으로 나타나기 시작했다. 벤처산업의 성공률은 매우 낮았으며, 창업 역시 그리 호락호락한 것이 아니었다. 매우 예외적인 몇몇 대박 이야기에 홀려 통장 털어 벤처기업에 투자하고 코스닥 증시에 참여해 보았지만 시쳇말로 무엇 좀 남긴 사람은 극히 드물었다. 대박의 포부는 쪽박으로 끝나기 일쑤였다.

한국사회의 새로운 미래로 거론되던 벤처는 정부의 인위적 경기부양에 의해 잠시 반짝이고는 상당 부분 거품으로 사라졌다. 정부가 그토록 대대적으로 홍보한 신지식인의 성공사례 역시 점차 그 실체가 분명하지 않은 것으로 드러났다. 여기에 구조조정의 고삐가 좀처럼 풀리지 않으면서 직장에서 어떻게 살아남을 것인가에 전전긍긍했다. 모험과 도전을 기피하지 않을 수 없는 상황으로 들어선 것이다. 모험이 싫다거나 안정이 좋아서가 아니라 어쩔 수 없이 안정을 희구하지 않을 수 없는 구조적 양상이 전개된 것이다.

장밋빛 미래보다 안정적 현실을

직업관에도 커다란 변화가 있었다. 매년 발간되는 통계청의 〈한국의 사회지표〉를 정리해보면 외환위기가 한국인의 직업관에 미친 영향을 한눈에 읽어낼 수 있다. 이 지표에 따르면 한국인의 직업선택이 지난 10년 동안 크게 변화한 것으로 나타난다. 1995년 조사에서는 안정성 29.6%, 장래성 29.2%, 수입 27.1%로 직업선택의 결정항목이 균형적으로 분포되었다. 어느 관점에서 보더라도 정상적인 사회의 모습이라 진단하여도 크게 틀리지 않다.

외환위기 이듬해인 1998년 조사는 이전과는 매우 다른 양상을 보인다. 안정성 41.5%, 장래성 20.7%, 수입 18.2%로 조사됐다. 이는 외환위기에 의한 예측불허의 불안한 미래와 현장에서의 공격적 구조조정이 직업선택에 미친 영향을 그대로 보여주는 조사결과다. 한치 앞도 내다볼 수 없는 불확실한 사회환경 속에서 안정성으로의 과도한 쏠림현상이 극명하게 드러난 것이다. IMF 차입금의 완전상환을 공표한 다음해인 2002년의 같은 조사에서는 안정성 34.4%, 수입 21.5%, 장래성 16.1%로 나타났다.

2006년에는 3명 중에 1명꼴로 각각 안정성과 수입을 직업선택의 요인으로 응답한 반면, 장래성은 고려대상이 전혀 되지 않는 것으로 조사됐다. 분명한 것은 이제 직업선택에 있어 장래성이나 발전성은 더 이상 중요한 덕목이 되지 않는다는 점이다. 외환위기를 전후하여 한국사회는 적극적이며 균형적인 직업선택의 구조에서 소극적이며 현실적인 직업선택의 구조로 급격하게 선회한 것이다.

직업선택의 결정요인을 둘러싸고 짧은 기간 동안 나타난 한국인의 의식과 태도의 급격한 변화는 두 가지 점에서 시사하는 바가 크다. 첫째, 직업선택에 있어 장래성은 더 이상 중요한 것이 못된다. 장래성은 미래가 전망적일 때만 가능하다. 매우 불투명한 환경 속에서 장밋빛 내일에 미래를 걸라는 주문은

직업선택요인

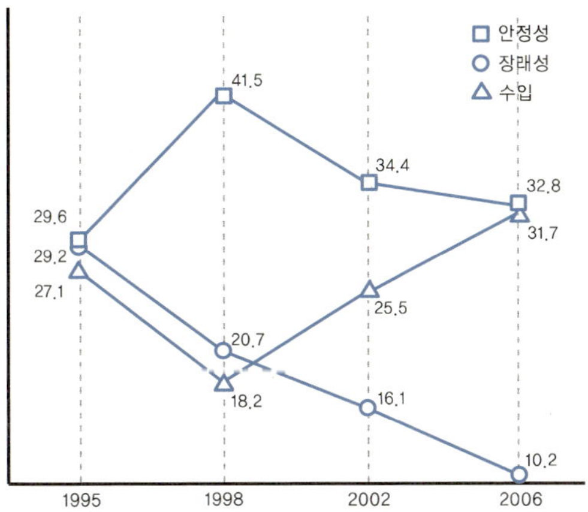

자료: 통계청, 〈한국의 사회지표〉

어떤 형태로든 설득력을 얻을 수는 없을 것이다.

둘째, 구조조정의 골이 깊어지면서 외환위기 이후 등장했던 사회현상들이 이제는 생존전략의 차원에서 구조화되는 양상을 보인다. 일례로, 소득을 보장해주는 생산직에 대한 선호도가 높아지는 추세도 이와 무관하지 않다. 일반적으로 사무직을 선호하던 과거와는 다른 모습이다. 노사협상의 단골 메뉴였던 임금인상의 조건보다는 고용안정의 조건을 중요하게 인식하기 시작했다.

기업에 대한 긍정적 인식 확산

외환위기 10년을 거치면서 한국인의 기업에 대한 인식에도 적지 않은 변화가 있다. 외환위기의 원인으로 대기업이 지목되면서 기업에 대한 불신은 거의 바닥권이었다. 필자의 2001년 조사에 의하면 대기업에 대한 한국인의 신뢰점수는 100점 스케일에서 38.4점에 불과했다. 정부에 대한 신뢰는 이보다 더

낮게 나타났다. 그러나 점차 시간이 지나면서 모든 조사에서 대기업에 대한 신뢰가 높아지는 양상을 보인다. 정부에 대한 신뢰가 더 바닥으로 내려가는 양상과는 대조를 이룬다. 대기업의 사회기여에 대해 매우 부정적이었던 평가가 근래에 들어 긍정적인 양상으로 변하고 있는 것이다.

외환위기가 한국사회에 미친 긍정적 영향으로 기업경쟁력 강화와 경제전반의 투명성 증대를 1, 2순위로 들고 있음에서 알 수 있듯이, 외환위기 이후 가장 큰 변화는 기업에 있다. 이는 기업이 보여주는, 특히 해외에서의 경제성과를 비롯하여 기업의 사회적 책임에 대한 긍정적 인식의 결과로 보인다. 여전히 대기업에 대한 반감이 있지만 과거에 비해 긍정적으로 인식이 변하는 것만은 분명하다.

한편 외국자본에 대한 인식에도 적지 않은 변화가 있다. 오늘날 외국자본의 국내유입에 대해서는 대개 긍정적으로 수긍하는 개방적 태도를 읽을 수 있다. 세계화의 환경에서 외국자본에 대한 맹목적 반감은 시대적 논리와 배치된다는 생각을 한국사회가 하고 있는 것이다.

그러나 외국자본의 역할에 대해서는 과거보다 훨씬 더 비판적인 눈으로 보기 시작하였다. 외국자본의 국내진출이 한국경제에 도움을 주느냐에 대해 엄밀한 판단을 하기 시작한 것이다. 한 예로 투자자본은 환영하지만 투기자본은 안 된다는 생각을 분명히 하는 것이다. 과거 외국자본과 글로벌스탠더드에 대해 가졌던 맹목적 반감 아니면 맹목적 찬성이라는 이분법적 태도와는 상당한 차이가 있는 유연한 모습이며, 사회의 성숙을 보여주는 한 단면이다.

'노력하면 성공 가능' 7.3%뿐

누구나 노력하면 성공할 수 있다는 훈육을 믿는 사람은 점점 줄어든다. 최근에 진행된 한 조사에 의하면 이에 동의하는 사람이 7.3%에 불과한 것으로 나

한국사회에서 개인의 성공조건(2006)

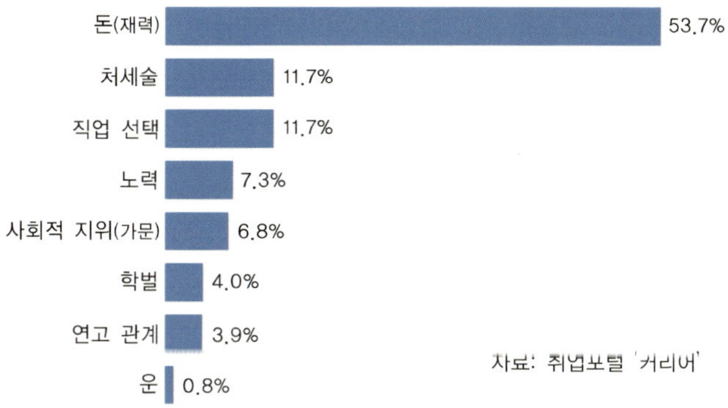

타났다. 저잣거리의 표현을 그대로 빌리면 '돈이 돈을 번다'는 인식이 확산되어 있다. 그 어떤 곳에서도 돈 없이는 인생역전이 힘들다는 인식이다. 능력, 소질, 인간관계와 같은 전통적 덕목이 돈의 위력을 넘어설 수 없다는 극단적 배금주의가 확산되고 있는 것이다. 고급스럽지 못한 시장가치만이 판을 친다는 우려를 금할 수 없다. 공동체에 대한 배려, 다른 사람에 대한 관심이 그 어느 때보다 절실한 때이다.

한국사회에서 분배에 대한 요구는 오랜 역사적 연고를 가진 개념이다. 과거 고도성장의 시대에 있어 분배와 균형발전에 대한 요구는 시대의 정의로움으로 인정되었으며, 민주화의 물결은 이에 대한 법적 정당성까지 부여했다. 이를테면 다른 분야 예산을 줄여서라도 복지예산을 늘려야 한다는 것에 국민의 절대 다수가 동의했다.

최근에 한 여론조사에서는 오히려 경제성장이 분배보다 중요하다는 의견이 과반으로 나타났다. 지난 여러 해 동안 경기불황 때문에 고통받는 국민들이 분배보다는 성장을 더 우위에 둔 것은 자기 보호적인 그 나름의 합리적 선택이다. 이를 나무랄 수는 없다. 저성장의 시대에서 성장을 갈구하는 것은 극히 당연한 일이다.

그러나 성장에 대한 과도한 쏠림이 오래 지속되어서는 안 될 것이다. 그 이유는 이제 한국사회도 사회구조적으로 저성장시대의 사회시스템을 받아들여야 하기 때문이다. 그러나 보다 근본적으로 성장에 대한 과도한 요구를 우려하지 않을 수 없는 것은 오늘날 한국사회에서 진행되는 양극화가 단순한 우려의 단계를 넘어서고 있기 때문이다. 성장의 동력 자체를 발목잡고 끌어내리는 위험한 수준에까지 근접한 것이다.

IMF 체제의 10년은 효율성과 실용성만이 극단적으로 강조된 시기였다. 이런 상황에서 모험기피의 현실적응적 사회심리를 갖는다는 것은 개인에겐 합리적인 선택이다. 하지만 이 사실을 확인하는 일은 결코 즐거운 일이 못된다.

〈이코노미스트〉 2007년 3월 27일호
'어떤 가치도 돈 앞에 무릎 끓다' 일부 수정

IMF체제 100일을 지나며

IMF 체제가 조여 온다. IMF 체제 100일을 지나면서 실업자가 하루 1만여 명이라고 한다. 정부 발표에 따르면 조만간 실업자가 150만 명을 넘어설 것이란다. 있는 사람과 없는 사람의 사회양극화에 대한 우려가 점차 현실로 나타난다.

최근의 한 설문조사에 의하면 자신이 중산층이라고 생각한다는 응답이 지난 몇 달 사이 눈에 띄게 줄어든 것으로 나타났다. 이는 사회운영의 무게중심인 중산층이 흔들리고 있음을 의미한다. 중산층 중심의 사회통합 기반이 흔들리고 있는 것이다.

그동안 한국사회는 압축적 근대화 과정에서 중산층이 크게 증가하였다. 연구자에 따라 다소의 편차는 있으나 한국의 중산층이 40%에 달하는 것으로 산정되었다. 상당수 사람들은 자신이 중산층에 속한다고 믿는다. 전체 국민의 60% 정도가 중간층 귀속의식을 가지고 있는 것으로 조사되었다. 이러한 양상은 비록 주관적 평가이긴 하지만 건강한 사회의 모습임에 분명하다.

특히 지난 10여 년 동안 경제성장의 혜택으로 사실상 많은 사람들의 생활

수준이 현저하게 상승하여 이른바 중산층에 걸맞은 소비양태나 생활양식이 광범위하게 확산되었다. 1990년대의 이른바 거품경제시대에는 노동자들도 스스로 중산층이라고 여기는 중산층의식이 두텁게 형성되었으며, 언제부터인가 중산층의 가치관과 생활양식이 사회질서와 사회발전의 가늠자로 인식되기 시작했다.

어느 사회이든 중간이 두터운 다이아몬드형의 계층구조는 안정적이고 바람직한 것으로 여겨진다. 중산층은 다양한 가치관과 이데올로기가 공존하는 다원화 문화를 선호하며, 계층이동에 대한 강한 열망을 가지고 있는 만큼 교육에 의한 업적주의를 신봉한다. 중산층은 다른 계층에 비해 기회의 평등을 중요한 가치로 삼는 경향을 강하게 보이는 것으로 분석된다.

즉, 공정한 경쟁관계를 강조하는 것이다. 뿐만 아니라 정치적으로는 시민권과 정치적 자유의 확대를 희망하며, 국가의 초당파적-범계급적 조정역할을 중요시한다. 이러하기에 중산층이 두꺼워진다는 것은 경제성장과 민주주의를 담보하는 사회변화의 긍정적인 한 단면이라 할 수 있다.

이러한 사회질서의 통합구도가 급속하게 무너질지도 모른다는 위기감이 확산되고 있다. 정부와 IMF의 정책은 기본적으로 시장경제의 활성화를 핵심으로 한다. 이러한 정책은 상당기간 계층간의 불평등을 심화시키며 중산층의 몰락과 맞물려 사회구조의 양극화를 가속화할 전망이다.

중산층의 흔들림과 계층의 양극화 현상이 장기화될 경우 잠재적 사회갈등은 현실로 표출되기 마련이다. 여기에 한계집단의 생계와 관련된 고통과 불만이 표출될 경우 사회는 걷잡을 수 없는 혼란의 소용돌이에 휩싸일 것이 분명하다.

그러나 불행하게도 이러한 양극화 현상을 상쇄하거나 저지할 만한 제도적 안전판이 우리에게는 전무하다. 실업보험이라는 것이 있기는 하지만 고작 60일간의 지급으로 끝나고 만다. 직장을 구한다는 보장이 없으니 공공영역이 담당하는 안전판은 없는 것과 마찬가지다. 공공사업을 발굴해야 한다고 하지만 재원조달이 쉽지 않다는 이유로 미루어지고 있는 현실이다. 선진국형의 실업으로 내몰아치지만 선진국형의 복지제도는 그 어디에서도 쉽게 찾아지지 않는다. 예약된 실업, 준비되지 않은 복지, 이것이 오늘의 한국사회 모습이다.

행여 애국적 국민정서에 호소하면서 사회불안이 해소되기를 기대한다면 그것은 애초부터 잘못된 발상이다. 지금의 상황은 이런 기대조차 할 수 없을 만큼 절박하다. 이제 정부는 보다 적극적인 자세로 구체적이고 가시적인 사회통합 프로그램을 만드는 데 국정의 최우선을 두어야 할 것이다. 중산층의 몰락과 이어지는 사회양극화를 방치해서는 안 된다. 한 번 붕괴된 사회통합을 복원하는 데 한 세대가 걸리기도 한다는 역사의 교훈이 지금처럼 절실한 때도 없었던 것으로 보인다.

〈세계일보〉 1998년 3월 23일
'중산층이 무너지고 있다'

IMF체제 3년을 지나며

2000년 12월 3일은 IMF와 공식적으로 결별하는 날이다. 돌이켜보면 지난한 3년이었다. 한강의 기적은 환상이었으며 성장의 금자탑은 일그러진 영웅의 모습으로 전락되기도 하였다. 한국식 경제 근대화의 성공사례가 물거품으로 사라질지도 모르는 형국이었다. 사회 어느 한구석 따뜻한 기운을 느낄 수 없을 만큼 싸늘하였다.

공동체가 급속하게 붕괴하기 시작하였다. IMF 체제 100일을 넘어서면서 직장을 떠나는 실업자가 하루 평균 1만 명에 이른다는 보도가 있었는가 하면, 자선단체가 나눠주는 한 끼 식사를 받으려고 늘어선 행렬은 끝자락이 보이지 않을 정도이다. 저소득층의 생계형 범죄와 한탕주의를 배경으로 하는 화이트칼라 범죄가 급격히 증가하였다. 더욱 심각한 것은 있는 사람과 없는 사람 간의 격차가 벌어지는 사회양극화 현상이 우려의 수준으로 치달았다는 것이다. 한계적 상황 속에서 지속되는 사회양극화는 법질서는 물론이고 도덕규범마저도 거부하는 크고 작은 집합행동으로 이어질지 모른다는 우려로 이어졌다. 탈출구를 찾을 수 없는 좌절감이 사회 전체를 누르고 있었던 것이다.

엄청난 대가를 치르면서 우리는 새로운 것을 알몸으로 체득하였다. 무엇보다도 글로벌 자본주의로 통칭되는 이 시대의 국제사회 정체를 알게 되었다. 단 몇 년 전만 해도 존재도 몰랐던 낯선 회사들의 평점에 우리 경제의 명운이 달려 있으며, 나라 전체가 국제 신용평가기관들이 발표하는 국가신용도에 울고 웃었다. 그런가 하면 글로벌 자본주의의 에이전트임을 자임하는 IMF의 권고와 처방은 외환위기와 관련된 경제변수 몇 개에 손을 대는 정도가 아니었다. 정부, 기업, 금융기관, 노동자 모두에게 과거의 운영방식과 절연할 것을 요구하였다. 이들은 한국사회가 불투명하다고 진단하면서 투명할 것을 요구하였다. 한국에 대한 대외신인도가 인정될 때까지 변화를 요구한 것이다.

이제 며칠 후에는 외형적으로 이런 좌절감과 치욕으로부터 자유로울 수 있는 듯해 보인다. 그러나 문제는 3년이 지나 IMF를 졸업하는데도 그때나 지금이나 크게 달라진 것이 없다는 데 있다. 최근 일간신문들은 한국은행 보고서 자료를 인용하여 '깊어진 빈부격차', '추락하는 중산층 도시가구', '저소득층 3% 빚으로 살림하는 셈'과 같은 내용을 기사화하고 있다. 사회해체적 양상이 지속되고 있는 것이다. 이러다 보니 노동문제는 더욱 유연성을 찾지 못한다. 작금의 상황은 공공영역의 구조조정에는 손도 못 대고 있고, 기업조정도 실기(失期)하면서 신통치 못한 상태이며, 일부 공기업이나 워크아웃 기업들의 도덕적 해이는 극심한 형국이다. 기업의 경제성은 자꾸만 떨어지고 노조는 구조조정의 폭풍 앞에서 극한투쟁의 자세를 가다듬는다. 노사분쟁이 타협적으로 진행될 가능성도 그리 많지 않다. 사회영역, 사회세력 사이의 긴장이 팽팽하게 진행되고 있는 것이다. 이러한 불협화음을 어떻게 조율할 것인가의 문제가 시대적 과제로 제기된다.

다시 초심으로 돌아가 3년 전 우리 자신에게 던졌던 자성과 해법을 되새겨 보아야 할 때이다. 당시 한국사회는 총론만 있고 각론이 없으며, 본래의 논지에서 벗어나 주변적 문제에 매달리며, 쉽게 흥분하고 쉽게 망각하며, 그리고 무엇을 아느냐보다는 누구를 아느냐가 중요하며, 투명성을 결여한 사회로 그려졌다. 그리고 이의 극복을 강변하였다. 이제 다시금 어느 정도 바뀌었는가 하는 우둔한 질문을 던지지 않을 수 없는 상황을 맞이하고 있는 것이다.

무엇을 해야 하는가. 무엇보다도 싸늘한 기운은 3년 전이나 지금이나 마찬가지라는 저잣거리의 목소리를 귀담아 들어야 할 것이다. 국가는 경제활동에서 소외된 사람들이 간직하고 있는 자그마한 희망이 버려지지 않도록 하는 일에 정책의 최우선순위를 두어야 한다. 기업은 물론이고 국가, 시민단체, 대학 모두 잡화상과 같은 사고와 조직에서 벗어나 전문성과 각론에 충실하여야 한다. 맹목적인 정서에 기대어 문제를 풀려고 접근하지 말아야 한다. 지도자들은 나라 밖의 세상 움직임을 정확하게 읽어내야 한다. 구호적이고 열망적인 수준에서 국제사회를 대했다가 낭패를 보았던 경험을 되새겨 보아야 한다.

한 번 붕괴된 사회통합이 복원되는 위해서는 한 세대가 걸리기도 한다는 역사의 교훈을 곱씹어 보면서, 위기를 기회로 반전시키기 위한 지혜를 모아야 할 것이다. 현명한 국민과 지도자는 앞으로 다가올 문제를 마치 발등에 떨어진 불처럼 대처하는 국민과 지도자다. 있을지도 모를 어려운 시절을 위해 무엇인가 모아두려는 마음과 같은 것 말이다.

〈민주평통〉 2000년 11월 30일
'IMF 3년의 회고와 과제'

구조조정의 함정

IMF 관리체제 3년 동안 한국사회는 금과옥조처럼 여겼던 우리의 과거를 버리느라 분주했다. 국제신용평가기관과 외국자본은 하나같이 우리로 하여금 과거와 절연할 것을 요구하였다. 과거를 버렸으면 미래는 손에 잡혀야 하는 것이 순리이며, 그것이 버린 과거에 대한 보상일 것이다. 지금 한국인의 사회심리 한가운데는, 과거는 버리고 있지만 미래는 손에 잡히지 않는 불안과 피로가 자리하고 있다.

정부는 연일 구조조정이 미래의 길잡이라고 한다. 그러나 정작 구조조정의 최종모습이 어떠하며, 종착지가 어디인지에 대한 시원스러운 청사진을 찾아보기는 대단히 어렵다. 이러다 보니 국민들이 가지는 구조조정에 대한 피로감은 쌓여만 간다. 다시금 경제 위기의 가능성이 예단되고 있으며, 어느 한 구석 마음 둘 만한 데가 없는 공황심리가 확산된다. 기업의 경제성은 자꾸 떨어지고 노조는 구조조정의 폭풍 앞에서 극한투쟁의 자세를 가다듬는다. 사회세력들 사이의 긴장은 전례 없이 팽팽하다. 적막강산 우리사회의 표류가 이런 것이 아닌가 한다.

다시 '한국사회의 구조조정, 무엇이 문제인가' 라는 질문을 던진다.

첫째, 우리의 관리시스템이 시대환경에 비해 대단히 원시적이다. 근자에 문제시되는 공적자금의 비효율성, 정부와 기업의 도덕적 해이 문제는 하나같이 관리시스템의 원시성에 따른 결과들이다. 어느 사회에서나 도덕적 해이는 발생하기 마련이다. 그러나 도덕적 해이를 사전에 예방하고 사후에 처벌하는 시스템을 가지고 있느냐의 여부가 이 시대의 선진과 후진을 가름하는 잣대임을 주지할 필요가 있다. 특히 경제위기 관리에 부정적인 정치논리의 개입을 차단하는 것은 관리시스템의 후진성을 극복하기 위한 필수 과제이다.

둘째, 구조조정의 결과를 단기적 타임테이블 속에서 가시적으로 보이겠다는 발상에서 벗어나야 한다. 이를테면 2월 말까지 구조조정을 마무리하겠다는 주장은 구조조정의 본질에 대한 무지이며 신뢰만 무너뜨리는 호언에 불과하다. 그것은 또한 고질적 전시행정의 유제(遺制)이기도 하다. 2000년에도 정부는 12월까지 기업구조조정을 완료하겠다고 공언한 바 있다. 그러나 지금 기업의 구조조정이 완료되었다고 믿는 사람은 아무도 없다. 지금부터라도 정부는 실현가능한 타임테이블을 제시하면서 국민들에게 고통분담의 합의를 구하는 초심으로 돌아가야 할 것이다.

셋째, 구조조정의 함정인 일시적 경제호전을 경계해야 한다. 일반적으로 구조조정의 발주는 일시적 경제호전을 가져오는 경향이 있다. 일단은 시장이 긍정적 반응을 보이기 때문이다. 구조조정 방안의 대명사 격인 조직규모의 축소 움직임이 나타나면서 이를 구조조정의 외형적 성과로 인식하기도 한다. 우리의 과거사를 버리는 뼈아픈 3년의 시절을 넘기고 IMF와 공식적으로 결별했음에도 불구하고, 이제 다시금 제 2의 경제위기, 실업대란이 운운되는 것은 바로 구조조정의 함정에 빠졌기 때문이다. 한때 수출호조와 외환보유고의 증대현상을 마치 구조조정의 실질적 성과인 듯 착각한 것이다. 착각은 구조조정을 이완시키고 지체하게 만들었다. 그러나 한 번 이완된 개혁을 처음의 상태로 만드는 것은 지금 우리가 경험하듯이 매우 어려운 일이 아닐 수 없다.

넷째, 정부의 구조조정에 대한 어중간한 입장에 근본적 문제가 있다. 현 정부는 출범 시 국정의 기본이념으로 민주적 시장경제론을 설정한 바 있다. 민주주의와 시장경제의 병행적 발전은 새로운 이념이나 시대정신의 수준에서는 손색없는 것으로 평가된다. 그러나 정책차원에서의 실현가능성에는 많은 의문이 제기되고 있다. 어떤 의미에서 화려한 국정이념이 구조조정의 발목을 잡고 있는지도 모른다. 아무리 민주적 시장경제론을 표방하더라도 IMF 관리체제하에서 신자유주의를 벗어나기는 구조적으로 불가능하다. 나아가 정부는 총론적 수준보다 더 강도 높은 자유주의적 정책을 주문하기도 하였다. 국정목표와 실행되는 정책의 어긋남은 혼돈을 가중시키기에 충분하다. 개혁노선에 보험을 넣어두고 무원칙한 보수정책으로 경품을 받겠다는 것은 분명 위험한 곡예가 아닐 수 없다.

〈문화일보〉 2001년 2월 7일
'구조조정 무엇이 문제인가'

소득격차 심상찮다

구조조정이 일정 부분 성과를 보이며, 경제가 회복세로 돌아서고, 과열경기를 우려하는 얘기가 이곳저곳에서 들려온다. 그 어느 때보다 정부의 사회경제관련 공식통계 발표에 깊은 관심을 갖게 된다. 자신의 정체성마저 포기했던 국민들의 입장에서 상황이 조금은 호전되었을 것이라는 기대의 가슴앓이를 하는 것은 당연지사이다.

그동안 정부는 소득격차 해소를 위해 나름대로 노력했다고 기회 있을 때마다 공표한 바 있다. 그 효과에 대해 자못 기대하던 차에 발표된 최근 통계청의 '2000년 가구소비 실태조사결과'는 다시 한 번 가슴 덜컥하게 만든다. 상위 20% 가구의 소득이 하위 20% 가구 소득의 6.75배로 나타났다. 1991년 4.25배, IMF 외환위기 이전인 1996년의 4.74배와 비교할 때 소득불평등의 양상이 매우 빠르게 심화되고 있음을 보여준다. 계층간 소득격차가 큰 폭으로 벌어지면서, 빈익빈부익부 현상에 중산층마저 무너지는 양상을 보이고 있는 것이다. 사회양극화 현상은 더욱 가속화될 전망이다.

소득과 지출의 구조 역시 매우 불안정하다. 가계소득이 가계지출의 증가율을 크게 밑돌고 있으며, 가계지출 중에서도 소비지출보다 세금과 연금, 의료보험료와 같은 비소비지출이 5년 전과 비교하여 크게 늘어났다. 저소득층에게 상대적으로 부담의 고통이 큰 지출항목들이 증가했다.

구조조정 과정에서 자명하게 판명된 것은 저소득층에 대한 고소득층의 절대 우위현상이다. 대부분의 계층은 상대적 소득감소를 감수하였지만 상위 20%에 속하는 고소득층에서는 오히려 소득증가현상을 보인다. 금융자산이 많은 고소득층과 구조조정의 대상으로 전락한 중산층, 저소득층의 운명은 엇갈리는 쌍곡선으로 그려지고 있다.

정말 걱정스러운 것은 소득격차가 확대된 형태로 고착되는 것이 아닌가 하는 점이다. 그동안 남의 일로만 생각했던 이른바 구조적 소득불평등의 악순환 고리에 한국이 진입하지 않았는가 하는 우려이며, 우리도 '20 대 80의 사회' 모습으로 접어든 것이 아니냐는 우려이다. 결코 가볍게 넘길 사안이 아니다.

이럼에도 불구하고 소득격차에 대한 정부의 생각은 대단히 안일하다. 원인진단은 물론이고 사회양극화 현상의 심각성에 대한 인식에서 말이다. 정부는 확대되는 소득격차의 원인으로 외환위기를 주범으로 삼고 있다. 그리고 지금 나타나는 소득격차의 확대는 일시적이라는 생각을 하고 있는 듯하다. 구조조정을 성공적으로 마무리하면 소득격차는 별 문제가 되지 않을 것이라는 입장이다. 그리고 경기회복의 효과가 저소득층까지 돌아가는 데는 시간이 걸린다는 것이다.

선진국에서 나타났듯이 오늘날 같은 구조조정은 소득격차의 확대와 고착화로 귀결된다. 구조조정이 소득불평등을 완화시켜줄 것이라고 기대하는 것은 난센스다. 소득불평등의 구조화된 모습은 실업의 형태에서 여실히 드러난다. 한국사회도 이미 장기실업의 고질적 궤도에 들어섰다.

정부는 소득격차의 양상이 구조화되고 있음을 애써 외면하고 있는 듯하다. 실제로 소득격차의 확대와 불평등구조의 심화는 이미 1990년대 초반부터 지속적으로 나타나고 있었음을 주목할 필요가 있다. 분명 IMF 쇼크가 소득분배를 악성으로 몰고 간 측면이 있지만, 근본원인은 사회안전망이 부재한 상황에서 시장중심의 사회운영질서가 일방적으로 실행된 데에 따른 문제다.

악화되는 소득불평등의 문제가 시장을 통해 극복되기는 대단히 어렵다. 작은 정부 운운하면서 국가의 움직임을 축소하려는 경향이 있지만 이것 역시 경계해야 할 대목이다. 작은 정부의 의미도 차제에 바르게 세울 필요가 있다. 정부의 규제는 과감히 버리지만, 정부의 서비스 기능은 확대하는 것이 작은 정부의 올바른 개념이다. 이 시대 작은 정부가 해야 할 가장 시급한 서비스는 경제불평등을 치유하는 일이다. 여러 방안을 생각해 보아야 할 것이다. 사람들에게 일자리를 마련하는 일에 국가적 혼신을 쏟아야 한다. 작은 정부가 놓쳐서는 안 될 일이다. 한 번 붕괴된 사회통합을 복원하는 데 한 세대가 걸리기도 한다는 역사의 교훈을 반복적으로 되새겨 보면서 말이다.

〈문화일보〉 2002년 5월 4일
'소득격차 심상찮다'

2002 월드컵의 미학과 메시지

세계 문명사에서 프랑스는 의식주를 문화와 예술의 경지로 끌어올린 나라로 서술되곤 한다. 1998년 프랑스 월드컵은 이러한 교과서적인 문명의 평가를 전 세계에 확인시켜 주었다. 뿐만 아니라 프랑스 월드컵은 프랑스사회의 내적 통합을 이루어낸 성공의 축제로 기록된다. 그런가 하면 1982년 스페인 월드컵은 오랜 권위주의를 벗어던지고 사회적 혼란을 극복한 민주주의로의 이행을 성공적으로 수행한 참여의 문화로 평가된다. 이렇듯 월드컵의 사회적 미학은 월드컵 개최국의 역사와 비전에 따라 다른 모습으로 기록되고 있음을 알 수 있다.

2002 월드컵의 사회적 미학은 어떻게 기록될 것인가에 관심이 모인다.

2002 월드컵이 한국사회 · 한국인에게 주는 사회적 미학과 메시지는 매우 특별하다. '분단국가 · 신흥공업국 · 88 올림픽 · 2002 월드컵', 지난 반세기 한국사회의 모습을 말하는 상징적 대명사들이다. 여기에는 분단이라는 질곡의 역사 속에서 경제국가를 만들어내고 문화국가로의 등극을 향한 실험을 거쳐 이제 그 완성을 기다리고 있음이 함축되어 있다.

한국사회에서 월드컵이 지니는 역사적 의미는 매우 크다. 국제정치에서 수동적이고 방어적일 수밖에 없었던 분단의 상황에서 세계경제로의 편입과 적응에 연연하며 경제의 성공모델을 창안하던 오랜 기간을 거쳐, 오늘 세계적 문화축제를 자임하고 나선 것이다. 불과 반세기 만에 국제정치적 회피에서 국제경제적 적응을 거쳐 국제문화의 중심으로 자리한 것이다. 가슴 벅찬 일이라 하지 않을 수 없다. 오늘의 가슴 벅참만큼 내일의 준비를 생각하지 않을 수 없다.

첫째, 축제문화를 만드는 기회로 삼자.

축제의 경험이 별반 없는 한국인에게 월드컵 개최는 즐기는 것이 어떤 것이고, 감동적인 것이 어떤 것이며, 하나 되는 것이 진정 어떤 것인지를 체험하기에 더없이 좋은 기회다. 스포츠가 마치 종교와 같으며, 운동경기의 안과 밖이 온통 축제로 신격화된 나라들을 그동안 우리는 얼마나 흠모했는가.

이제 우리의 축제문화를 만들자는 것이다. 월드컵은 축제다. 나름의 색깔과 품격을 가지고 있는 축제다. 축제인 만큼 거기에는 즐거움이 있고, 감동이 있고, 하나 됨이 있다. 마음껏 즐기며, 가슴 깊은 감동을 받으며, 세계가 하나 됨을 확인할 때 월드컵의 사회적 미학은 화려한 문체로 절정에 이를 것이다. 모든 사람이 즐길 수 있는 축제가 되지 못한다면 그 축제는 실패한 것이다. 그리고 감동이 없는 축제라면 이 역시 실패한 축제다. 축제란 본디 평소에 유지되었던 계층, 세대, 지역과 같은 구획나누기가 잠시 유보되고 모든 사람이 하나 되는 것을 지칭한다. 즐기는 월드컵, 감동이 있는 월드컵, 하나 되는 월드컵이 될 때 2002 월드컵은 문명의 새로운 장으로 기록될 것이다.

둘째, 월드컵 축제를 지방 살리기의 기회로 삼자.

프랑스 월드컵은 프랑스 하면 파리만이 연상되던 한계를 넘어 마르세유, 생드니, 낭트, 랑스, 툴루즈 등 문화와 산업과 전통이 있는 지방도시들을 세계에 알리는 계기를 마련하였다. 월드컵만큼 지방 살리기의 좋은 기회도 없을 것이다. 지방도시에서의 월드컵 경기는 일단 지방 살리기의 하드웨어를 갖춘 셈이다. 축구게임이나 떨렁 하는 정도라면 곤란하며, 후유증 역시 매우 크다는 것을 명심해야 한다. 오지처럼 버려져 있는 지방을 문화중심으로 끌어들여야 한다. 지방이 주체가 되어 펼쳐나갈 월드컵 소프트웨어에 기대해 본다.

셋째, 신뢰를 골간으로 하는 사회적 자본을 축적하는 기회로 삼자.

각기 다른 언어, 가치, 태도, 행위가 혼융하면서 진행되는 축제의 미담은 구성원의 신뢰에서 나오기 마련이다. 다름이 함께 어우러지기 위해 신뢰는 필수적이다. 신뢰의 범위를 매우 폐쇄적으로 설정하고 있는 한국사회가 월드컵이라는 세계문화와의 조우를 통해 유연성의 사회로 전환할 때 2002 월드컵은 세계 문명사에 새로운 기록과 역사로 새겨질 것이다.

〈매경이코노미〉 2002년 6월 5일
'월드컵 축제이자 기회다'

여가시대의 도래?

주 5일 근무제

열심히 일한 당신, 떠나라

주 5일 근무 시대가 열렸다. 한국도 주당 40시간 노동의 시대 반열에 들어선 것이다. 금융권이 2002년 7월부터 토요일 휴무를 본격 시행하면서 여러 해 동안 논란이 거듭된 주 5일 근무제가 실행 쪽으로 무게중심이 옮겨가고 있다. 세계에서 장시간 노동으로 몇 손가락 안에 드는 한국의 노동관행에 새로운 장이 열리게 된 것이다. 이미 2002년 4월부터 중앙부처 공무원들이 매월 한 차례 토요휴무제를 시작했으며 기업에서도 긍정적 검토가 시작되는 것으로 알려지면서 예상보다 빠르게 확산될 것이라는 전망이 나오고 있다.

한국사회에서 주 5일 근무제 도입은 의미하는 바가 크다. 무엇보다도 한국사회를 새로운 시각에서 가늠해볼 수 있는 좋은 기회이기 때문이다. OECD 국가 중 주 5일 근무제를 실시하지 않는 유일한 나라이기에 그 파장은 더욱 크다. 주 5일 근무제는 노동시간의 단축을 넘어 사고방식의 일대 변화를 동반할 생활의 대변환을 예고한다. 그동안 한국사회는 '오래 일하는 것이 아름답다'를 고귀한 덕목으로 칭송해 왔다. 그리고 이러한 덕목에 힘입어 국제사회에서 성공한 국가로 인정되었다. 그러나 절대적인 노동시간에 기대어 경쟁력을 유지하는 시대는 분명 지났다.

2001년 통계청의 조사에 따르면 한국 사람의 70% 이상이 여가를 TV시청이나 수면으로 보내고 있는 것으로 나타났다. 한국사회의 여가모습을 단적으로 보여주는 자료이다. 한편 삼성경제연구소의 조사에 따르면 주 5일 근무제가 실시될 경우 '가족과 함께 여가를 즐기겠다'는 응답이 47.4%로 절대 다수를 차지하고 있으며, 29%가 '여행과 같은 취미생활'을, 14.9%가 '자기계발'을 하겠다고 응답하였다. 간단한 조사 결과를 통해 우리는 앞으로의 여가활용, 소비방식, 가족관계, 산업구조 등에 커다란 변화가 일어날 것을 예상할 수 있다.

이제, '열심히 일한 당신, 떠나라'는 어느 신용카드 회사의 광고카피가 일상생활에서 실현가능한 일로 다가온 것이다. 주 5일 근무제는 열심히 일한 당신이 떠날 수 있는 제도적 장치인 셈이다.

팽팽한 의견 대립

주 5일 근무제가 세계적 추세라고는 하지만 이의 도입을 둘러싸고 찬반의 입장이 매우 분명하게 개진되고 있다. 그동안 정부와 노동계에서는 이를 적극적으로 도입할 의지를 보였지만 이와는 대조적으로 재계에서는 주 5일 근무제 실시가 시기상조라는 이유로 반대입장을 견지한다.

도입의 근거로는 고용창출효과와 삶의 질 향상이 꼽힌다. 근로시간을 단축함으로써 삶의 질을 개선시킬 수 있다는 것이다. 근로시간의 단축은 서구 선진사회에서 나타나듯이 근로자의 신체적, 정신적 피로와 부담을 경감시키면서, 가족과의 시간과 여가활동 및 사회참여의 기회를 확대하는 계기가 된다는 주장이다. 여기에는 생활의 중심이 가족단위의 여가문화로 성숙할 것이라는 긍정적 전망이 한몫한다. 뿐만 아니라 주 5일 근무제는 고용창출의 효과를 동반한다고 강변한다. 주 5일 근무제를 도입한 선진 대부분의 나라에서는 구조적 실업문제에 직면해 고용창출을 위해 이 제도를 도입했다.

다른 한편으로 근로시간 단축이 기업에게 인건비를 비롯한 일련의 부담을 가중시켜 경쟁력을 약화시킨다는 반론도 만만치 않다. 특히 중소 영세업, 제조업, 1차 산업에서의 경쟁력은 엄청나게 훼손될 것이라는 주장이다. 한국의 경우 노동시간은 선진국에 비해 분명 길지만 노동생산성이나 근무의 집중력과 같은 노동의 질은 결코 높지 않다는 것이다. 여기에다 재계에서는 주 5일 근무제 도입에 앞서 기존의 휴일과 휴가제도를 국제기준에 맞게 우선 정비해야 할 필요가 있음을 강변한다.

여유시간 무엇으로 채울 것인가

주 5일 근무제의 도입에 따라 이것이 미칠 사회 · 문화 · 경제적 파장에 관심이 모아진다. 경제적 파급에 대한 주요 관심은 생산성 향상, 내수촉진, 고용증대에 있다. LG경제연구원은 노동시간이 주당 44시간에서 40시간으로 9.1% 감소하면 생산성은 5.9%늘어날 것으로 추정한다. 노동연구원은 주 5일 근무제 실시로 서비스업을 중심으로 68만 개의 일자리가 생길 것으로 추산한 바 있다. 일단 쉽게 예측이 가능한 것은 여가활용과 관련된 서비스산업의 성장이다. 한국에서 상대적으로 낙후된 여가관련 서비스산업이 한국경제의 또 하나의 축으로 자리할 것이라는 전망이다.

주 5일 근무제의 효과는 단순히 생산성 향상이나 고용창출과 같은 경제적 효과에 국한되는 것은 아니다. 보다 중요하게는 삶의 질을 약정하는 새로운 가족관계, 노동패턴, 여가활용, 업무구조 등 사회 거의 모든 영역에 영향을

미칠 것으로 보인다.

주 5일 근무제가 함축하고 있는 일상생활에서의 핵심 키워드는 가족이다. 가장 큰 생활패턴의 변화는 직장과 가족의 균형 상황이다. 그동안 한국사회는 과도한 직장중심, 일중심의 사회였다고 해도 지나친 말이 아니다. 그렇다고 해서 주 5일 근무제가 하루 이틀 사이에 가족중심의 생활패턴으로 정착될 것으로 보이지는 않는다. 다만 일과 가정의 이분법 속에서 설 자리가 없었던 가정이 활동의 단위로서 복원될 수 있다는 것이다. 주 5일 근무에 따른 휴일 여가 활용방안에 관한 여러 조사에서 '가족과 함께 보내겠다'는 응답이 절대적으로 나타나는 데서 잘 알 수 있다.

주 5일 근무제의 또 다른 키워드는 여가이다. 주5일 근무제는 여가의 일상화를 동반하기 마련이다. 여가를 어떻게 보내느냐가 새로운 제도의 성패를 결정한다는 주장이 나오는 것도 이러한 까닭이다. 대체로 예상해 볼 수 있는 것은 주 5일 근무제 시행 초기에는 여가활동이 주로 금전소비형 여가에 집중될 것이나 점차 시간소비형 여가로 옮겨간다는 점이다. 모든 사람들이 함께 즐기던 소품종 다량여가에서 취향과 목적에 따라 차별화된 다품종 소량여가로 변할 것으로 보인다. 여기에는 단순한 구경꾼에서 벗어나 점차 창조적이고 프로그램적인 여가활동을 찾아 나서고 만들어 가는 것이 내포되어 있다. 한마디로 유연적 여가이다. 여행의 경우 내용도 많이 변화할 것으로 예상된다. 이를테면 생태나 문화체험과 같은 색다른 경험을 추구하는 테마여행이 각광 받을 것으로 보인다. 지식과 체험이 어우러진 복합적이고 깊이 있는 여가상품이 단연 인기를 끌 것이다.

주 5일 근무제는 학교 및 사회교육 환경에도 커다란 변화를 몰고 올 것으로 보인다. 머지않아 주 5일 수업제를 동반하지 않을 수 없다. 자녀교육이 가족 전체 영역에서 압도적 비중을 차지하고 있는 우리나라에서 주 5일 근무제와 주 5일 수업제가 별개의 모습으로 가기는 어렵다. 뿐만 아니라 사회교육

영역에서도 자기계발을 위한 교육 수요가 크게 늘어날 것으로 보인다.

주 5일 근무제에 따른 변화를 가장 다급하게 받아들이는 곳은 역시 기업이다. 노동비용의 상승과 노동조건의 조정에 따른 노사갈등을 상쇄하기 위한 기업구조와 관행에 대한 혁신이 빠르게 진행될 것으로 보인다. 노동시간이 줄어든 대신 일의 강도는 높아질 것이다. 다시 말해 느슨한 근무상황은 용납되지 않는다. 이러한 현상은 제조업 생산직에서 두드러지게 나타날 것으로 예상된다. 효율적 인적자원관리 시스템을 구축하는 것은 물론이고, 최근 조직 및 업무 혁신에 초점이 맞추어진 구조조정의 이름으로 진행되는 선진 경영시스템의 도입이 탄력을 받을 것으로 보인다. 불필요한 업무의 축소, 집중적 일 처리, 정보화의 적극적 활용 등으로 작업방식의 변화가 가속될 것으로 예상된다. 유연한 관리방식이 빠르게 도입될 전망이다. 이를테면 노동시간을 줄이는 데 맞춰 기업들이 성과위주의 인사관리를 강화할 것으로 보인다. 이에 따라 대다수의 직장인들은 여가시간의 상당 부분을 지금보다 훨씬 강도 높은 자기계발에 할애하지 않을 수 없다.

주 5일 근무제의 사각지대

주 5일 근무제가 모두에게 새로운 생활양식을 마련하는 것은 결코 아니다. 주 5일 근무제는 사회불평등의 심화와 함께 고용구조의 왜곡을 초래할 소지가 많다. 무엇보다 인력구조에서 비정규직의 비중이 비정상적으로 비대해질 수 있다는 것이다. 비용절감과 노사문제 해소 차원에서 임시직이나 일용직의 채용이 늘어날 것이라는 예측을 어렵지 않게 할 수 있다. 이럴 경우 사회 전체적으로 고용구조가 왜곡되는 양상을 보일 것임은 매우 자명하다.

비정규직 노동자에게 있어 주 5일 근무제는 곧바로 임금삭감을 의미한다. 일급제, 시급제, 심지어는 도급제로 일하는 경우 노동시간 단축은 곧 임금삭감이다. 이미 비정규직의 비중이 상당히 높은 한국사회를 감안할 때 비정규직이 비정상적으로 늘어나게 되면 심각한 사회문제를 초래할 수밖에 없다.

업종별로도 커다란 차이가 있을 것이다. 전통제조업, 건설업, 1차 산업 등은 쇠퇴할 업종으로 지목된다. 중소 영세업체의 경우 경영악화가 우려되기도 한다. 중소 영세기업과 비정규직 노동자들에게 주 5일 근무제는 노동시간 단축으로부터의 소외를 넘어 희생이라는 표현이 적절하다. 그런가 하면 전반적으로 노동시간은 줄었지만, 이를테면 열악한 조건에서 50시간 이상 노동하는 집단의 수는 오히려 늘어날 수 있다. 일본의 경험에서도 이 같은 사례가 발견된다. 주 5일 근무제에 사각지대가 있음을 주시해야 할 것이다.

삶의 질을 높이는 이틀의 여유가 되기 위하여

이제 주 5일 근무제는 더 이상 선택사항이 아니다. 주 5일 근무제가 성숙한 삶의 질로 이어지기 위해서는 무엇을 중시하고 무엇을 준비해야 할 것인가를 사려 깊게 생각해 보아야 한다. 삶을 살찌우는 이틀의 여유가 되기 위한 과제 말이다.

무엇보다도 늘어난 여가를 잘 보낼 수 있도록 준비해야 한다. 일반적으로 대중적 오락에 관한 시설기반은 빠르게 확충되기 마련이다. 대중적 오락에 대한 수요의 증가에 대해선 시장이 빠르게 반응하기 때문이다. 그러나 고급 문화를 위한 시설은 대체로 수익성이 낮으므로 무엇보다 지역사회와 정부의 배려가 필요하다. 문화시설과 문화콘텐츠가 생활공간 속에 산재하도록 만들어야 한다.

여가시간이 늘어나면서 문화를 향유하는 기회의 격차는 지역, 소득, 노동형태, 성별 등에 따라 더 벌어질 가능성이 크다. 이를테면, 대도시, 고소득의 여유층, 정규직 근로자, 미혼자는 주로 문화를 즐기는 층으로, 그 반대층은 소외감이 더 심해질 것이라는 전망이 나온다. 이에 따라 광범한 문화시설의 확충은 물론이고 저비용 문화 프로그램의 확대공급이 필요하다. 요컨대 주 5일 근무제로부터 배제된 소외층에 대한 배려가 필요하다.

주 5일 근무제는 사회봉사 및 시민단체의 활성화 계기로 만들어져야 한다. 일단은 성숙한 시민사회의 형성에 주 5일제가 상당히 큰 역할을 할 것으로 기대해 볼 수 있다. 그러나 그냥 주어지는 것은 결코 아니다. 이틀의 여유 중 일정부분을 지역사회 활동이나 시민단체 활동에 할애함으로써 성숙한 시민사회를 만드는 데 많은 노력을 경주하여야 할 것이다. 특히 중산층의 광범하고 적극적인 참여가 요구된다.

찬반 논란에도 불구하고 주 5일 근무제는 삶의 질 향상을 위해 반드시 필요한 제도이다. 차제에 지난 시대 따라잡기 식의 사회발전양식을 넘어 성숙한 사회로의 도약이 이루어지기를 기대해 본다.

〈고대투데이〉 10호, 2002년
'주 5일 근무제'

권위의 실종, 이념의 빈곤, 미완성의 세대정치

2004년 총선으로 본 한국사회

4 · 15 총선은 한국 정치사에 한 획을 그은 사건이었다. 이번 총선이 의미하는 바는 여러 가지다. 전후세대가 정치의 전면에 나섰다. 보수세력의 권력 독과점체제가 깨졌다. 구래(舊來)의 권위주의가 해체되었다. 노동자, 농민을 대변하는 진보세력이 제도권 정치에 진입했다. 이념경쟁의 시대로 들어섰다. 세대가 정치함수로 등장했다. 탈지역주의의 조짐을 보였다. 오랫동안 유지된 보수의 시대가 흔들리면서 무한경쟁의 새로운 정치시대로 진입하는 드라마틱한 순간이었다. 대략 이러한 것들이 변화를 약속하는 가능성으로, 이번 총선에 대한 평가다.

그러나 이러한 역사적 의미에 걸맞지 않게 선거과정은 낙제점수를 면하기 어렵다. 우선 선거과정에서 정당의 정체성은 말할 것도 없고, 정책을 찾아볼 수 없었다. 이번 총선은 국정운영이나 각 당이 내건 정강정책에 대한 심판이 아니었다. 정책의 빈자리에는 감성이 대신 들어앉았다. 말이 좋아 감성이지 울고, 절하고, 기고, 굶고, 머리 깎고, 붕대 감고, 무릎 꿇고, 사퇴한 것이 전부다. 현대사회가 내세우는 유연성이니 감성이니 하는 것과는 너무도 거리가

면, 낙후된 전근대성이 그대로 드러난 셈이었다.

그러나 아이러니컬하게도 총선의 결과는 절묘했다. 여당인 열린우리당에는 과반수 확보, 한나라당에는 개헌 저지선 확보, 민주노동당에는 교두보 확보라는 결과를 각각 안겨주었다. 그리고 3당은 각각 책임정치, 견제정치, 의회정치라는 새로운 임무를 부여받게 되었다. 승자에게는 '불안한 우위'를, 패자에게는 '해볼 만한 열위'를 준 것이다. 이렇게 해서 자만할 수도 없고, 낙담할 것도 없는 절묘한 판이 만들어졌다.

이번 총선 결과는 어느 당이 과반수를 얻고, 약진하고, 퇴조하는 정치적 화젯거리나 뜬금없이 불어닥친 진보·보수의 담론 이전에 한국사회의 전체 흐름을 읽어낼 수 있는 중요한 메시지가 담겨져 있음을 주의 깊게 보아야 한다. 이번 총선은 세계화, 정보화 등 지구적 규모로 변화하는 세계사적 거대전환의 흐름에 동반하여 나타난 1990년대 한국 민주화의 기반 구축과 1997년 외환위기를 극점으로 전개되는 한국사회의 재구조화 측면에서 독해해 보아야 한다.

외환위기는 우리의 과거를 부인하게 만들었다. IMF의 구조조정 교본은 한국사회로 하여금 과거와의 절연을 강요했다. 이들의 처방은 외환위기와 관련된 경제변수 몇 개에 손대는 정도가 아니었다. 정부, 기업, 금융, 노동은 물론이고 일상의 관행마저 과감히 버릴 것을 요구했다. 한국인의 가치와 태도마저 변화시킬 것을 강요한 것이다.

그리고 사회해체는 대단히 빠른 속도로 진행되었다. 이러한 시대를 살아가면서 한국인은 자신의 삶을 보장해주지 못하는 것이면 그것이 민족이든, 전통이든, 국가든, 정치든, 조직이든 상관없이 훌훌 털어버리겠다는 탈민족, 탈전통, 탈국가, 탈조직, 탈권위의 원리를 빠르게 학습해갔다.

이 과정에서 종래의 권위주의 질서는 급속하게 해체되었다. 그러나 해체된 권위주의를 대체할 합리적이고 새로운 권위의 패러다임은 제시되지 못했다. 민주화를 경험하면서 억압적이고 일방적인 권위주의 정치를 완전히 청산했다고 생각했지만 정작 사회갈등을 조율할 조정기제로서 합리적 제도와 권위에는 합의하지 못하고 있었던 것이다. 그 결과 한국사회는 그 어떤 시기보다 혼란과 갈등이 크게 드러나고 있다. 정치는 말할 것도 없고 기업, 조직, 지식세계, 학교, 가정 등 모든 영역에서 한국사회가 크게 요동치고 있는 것도 이와 무관하지 않다.

탄핵정국 역시 권위구조의 패러다임적 전환이라는 관점에서 살펴볼 필요가 있다. 탄핵정국을 단순히 전근대적 정쟁과 사회구조의 산물로 보는 것은 대단히 일면적인 분석이다. 탄핵정국은 대통령의 권위에 대한 의회의 도전인 동시에 제도권 정치에 대한 시민사회의 도전으로 해석할 수 있다. 전자가 대의민주주의에서 의회가 가진 절차상의 권리였다면 후자는 참여민주주의에서 시민사회가 지닌 실질적 권리였다. 탄핵을 둘러싸고 의회의 권위와 시민의 권위가 부딪친 이유가 여기에 있다.

인터넷 앞세운 진보세력의 '진지전'

한국사회에서 보수는 한 번도 자신들이 주류에서 밀려난다는 생각을 해본 적이 없다. 보수는 기존 권위의 모든 것을 대변하는 세력이 돼버렸고, 진보는 거기에 맞서는 대안 권위로 받아들여졌다.

권위의 패러다임을 갈구하는 사회에서 기존 권위의 상징으로서 보수의 운명은 이미 2002년 대선에서 예약되어 있었다. 보수세력이 기득권에 안주한 채 세상의 변화에 무관심으로 일관하면서 아무런 준비를 하지 않고 있는 동안 진보세력은 그람시의 표현대로 '진지전'(陣地戰)을 펴온 것이다. 인터넷이라는 신종무기를 앞세우면서 말이다.

따라서 이번 총선의 결과는 새로운 권위 패러다임의 모색이라는 측면에서도 중요한 의미를 가진다. 권위의 패러다임적 전환은 지난 대선에서 선보였으며, 그 탄력성과 관성이 이번 총선으로 이어진 것이다.

열린우리당은 탄핵이라는 시한폭탄의 뇌관을 건드린 상대방의 오만으로 엄청난 반사이익을 얻었다. 열린우리당은 개혁을 표방했지만 여전히 전근대적 구태에 의존했으며, 개혁적 이념과 정책은 형식요건도 제대로 갖추지 못했다. 여당이 이렇게 정책이나 비전 없이 선거에 임한 적이 있었나 할 정도로 한심했다는 비판이 결코 지나치지 않다. 이러하기에 열린우리당의 약점이 이제부터 본격적으로 노출될 것이라는 지적은 상당 부분 설득력을 가진다. 결국 열린우리당 입장에서는 무한책임에 대한 공격에 맞설 수 있는 국정능력이 관건이다. 그리고 얼마나 개혁적인 정책을 생산해낼 수 있는지, 또 끊임없이 제기되는 경제위기의 시나리오에 어떻게 대처할 수 있는지가 앞으로의 과제다.

반면 한나라당은 과거에 안주한 채 부패와 기득권 남용으로 홍역을 치른 끝에 겨우 살아남았다. 또다시 과거에 안주하는 날, 국민은 한나라당으로부터 완전히 등을 돌릴 것이다. 과거 안주란 정책적 비전의 부재이며 지나간 권위로의 복귀로 받아들여진다. 시효가 끝난 모델과 권위를 가지고서는 더 버틸 수 없다는 사실을 인식해야 한다.

이번 선거의 하이라이트는 역시 민주노동당이다. 민주노동당은 한마디로 압축성장한 정당이다. 2000년에 창당한 이래 4년 만에 의회진출을 이루어냈고, 지금까지 한 번도 의회에 진출하지 못했던 정당이 단번에 13%의 정당지지율을 획득했다. 세계 진보정당사에서도 보기 드문 일이다. 거대 양당과는 달리 지역과 무관하게 고른 득표양상을 보인 것도 한국정치의 현실에서 의미를 부여하지 않을 수 없다.

바로 여기에 민주노동당의 고민이 자리잡고 있다. 외환위기 이후 사회적 약자의 증가, 구조조정 위기에 놓인 화이트칼라의 불안 등이 비판적 지식인층의 지지와 맞물리면서 오늘의 결과를 만들어 냈지만 민주노동당의 앞길에는 구조적 어려움이 산적해 있다. 이를테면 현재 11%에 불과한 한국사회의 노조 조직률은 계급정당으로 나아갈 토대로서 대단히 취약하다.

뿐만 아니라 민주노동당을 지지하는 한 축이 민주노총이고, 민주노총 중심세력의 상당 부분이 작업과 임금구조가 양호한 대기업 노조로 구성되었다는 점은 큰 부담이 아닐 수 없다. 상대방에게 역공의 빌미를 제공할 수 있기 때문이다. 이번 선거에선 유권자들이 진보정당에 대한 가능성을 보고 투표했지만 다음 총선에선 진보정당이 만들어놓은 성과를 보고 투표할 것이다. 민주노동당의 고민이 시작되는 지점이 바로 여기이다.

이념 · 세대 · 지역 · 계급

정치는 균열의 함수이다. 이번 총선에서 한국정치는 4가지의 균열구조를 확연하게 드러냈다. 이념 · 세대 · 지역 · 계급이 그것이다. 한국정치가 1차 단순방정식 함수에서 고차방정식 함수로 변화한 셈이다. 사실 영욕을 거듭해온 현대 한국정치의 역사는 지역주의의 행보와 운명을 같이 해온 지역균열의 정치사에 다름 아니다. 정치 현장의 모든 편가름은 전적으로 지역으로 구획되었다. 지역으로 모든 것을 설명할 수 있었던 한국의 정치가 이념 · 세대 · 지역 · 계급을 설명 변수로 설정하는 복잡체계로 변화한 것이다.

이념정치의 막이 올랐다. 4 · 15 총선은 2002년 대통령선거 이후 첨예해진 진보 · 보수의 대립구도를 더욱 뚜렷이 드러냈다. 한국의 정치도 이번 총선을 계기로 이념경쟁의 시대로 진입할 것으로 예견된다. 그러나 진보 · 보수의 대립각(角)에 대한 얘기만 무성할 뿐 정작 실체가 드러난 것은 없다. 이념담론에 정작 이념이 없는 셈이다. 한국정치에서 이념은 이제 겨우 선을 보였을 뿐인데 정치적 기획물, 저널리즘적 기획물이 과도한 담론을 생산해내고 있음을 부인하기 어렵다.

또한 최근의 진보·보수 담론에는 과도한 시장주의가 개입되어 있음을 경계하지 않을 수 없다. 사실 진보와 보수에 대한 보편적 규정은 있을 수 없다. 이념의 정체성은 각 사회의 특수성을 바탕으로 각인되게 마련이다. 한국도 예외는 아니다. 한국사회에서 진보와 보수는 이데올로기와 분배문제 같은 정치적·경제적 측면에서 큰 가닥이 잡힌다. 그러나 점점 더 중요성이 커지는 사회문화적 측면에서 진보와 보수의 구분은 대단히 모호하다. 오히려 서구의 기준으로 볼 때 역방향의 모습을 보이기도 한다. 이를테면 한국사회에서 진보세력은 강한 민족주의적 성향을 보이는 반면 보수세력이 국제주의적 성향을 보인다. 서구의 기준으로 볼 때는 정반대의 형국이다.

'이념'이 빠진 이념 '논쟁'

실체야 어떠하든 이념과 노선을 근간으로 하는 정체성의 정치(*politics of identity*)가 닻을 올린 것만은 사실이다. 그러나 각 정당이 진보와 보수의 구도에서 자신의 정체성을 거론하고 있지만 민주노동당을 제외하고는 한결같이 이러한 상황을 거북스러워하고 불편해한다. 중도개혁, 중도보수, 중도진보, 자유보수와 같이 진보와 보수 앞에 붙는 수식어가 이미 각 정당이 정체성의 정치를 부담스러워한다는 사실을 방증하고 있다. 회색의 수식어가 많을수록 선명하지 않다는 뜻이 아니겠는가. 정체성을 밝혀달라는 주문에 더 독해하기 어려운 화법으로 응답하는 셈이다. 당의 정체성을 밝힌다면서 "열린우리당은 실용주의를 지향한다"는 다소 뚱딴지같은 말을 하고 있으니 말이다. 실용주의는 정체성의 정치가 요구하는 이념이 아니다. 한나라당도 이 대목에서는 크게 다르지 않다.

열린우리당과 한나라당은 미국식 진보·보수의 구도를 선호하고 나섰다.

열린우리당은 미국의 민주당, 한나라당은 공화당에 각기 자신의 정체성을 연결시키려고 한다. 다시 말해 유럽식 좌우 또는 이념대결의 개념이 아니라 전체적으로 보수적 틀 안에서 좀더 개혁적인가 아닌가로 두 당의 정체성이 구분되는 것이다. 이와는 대조적으로 민주노동당은 유럽식 좌우구도를 일관되게 구축하려 할 것으로 보인다. 여기에는 정체성의 정치에서 민주노동당보다 선명성에서 우위를 차지할 수 있는 정당이 없기 때문이다.

정당의 이념적 정체성이란 뽑힌 지 얼마 되지도 않은 당선자들이 모여 급조해낸다고 해서 형성되는 것이 결코 아니다. 그렇다고 당선자들에게 설문지를 돌려 평균을 낸다고 해서 이념적 정체성이 만들어질 수 있는 것은 더더욱 아니다.

준비가 안 되어 있는 만큼 연역법적 선언은 애초부터 무리다. 그렇다면 이제부터는 구체적 정책수립과 현안해결 과정에서 이념적 정체성을 구축하는 귀납적 접근이 더 적절할 것이다. 조급한 마음을 버리고 한 발짝 뒤로 물러날 필요성이 있다는 말이다. 이렇게 보면 민주노동당의 제도권 진입이 기존 정당들에게 압박으로 작용하고 있음은 더더욱 분명해 보인다.

세대정치 장악한 386과 'N세대'

세대정치는 2002년 대선 이후 이번 총선에서 다시 한 번 위력을 발휘했다. 노무현 후보와 열린우리당에 대한 특정 세대의 전폭적 지지는 그동안 한국정치를 지배해온 구도를 대체할 새로운 패러다임을 보여주기에 충분했다. 기존 권위구조가 무너진 상황에서 386세대와 이에 연합한 이른바 'N세대'가 세대정치의 주도권을 장악한 것이다. 이런 과정에서 세대의 정치가 한국 현대사의 질곡인 지역분열의 정치를 대체할지도 모른다는 조심스런 예단이 나오기도 했다. 그러나 현실정치는 그렇게 단순한 이분법의 가로지르기 구도로 흘

러가는 것만은 아니다.

386세대는 거리에서 정치성을 키운 운동의 세대이자 의식화의 세대이며 민주화 성공 세대다. 이들 386세대가 지난 대선에서 세대정치의 밑거름이 됐다. 그리고 이들의 성향은 나이가 들더라도 쉽사리 약화되지 않을 것이다. 이것이 특수한 역사적 경험과 집단적 기억이 만들어내는 세대의 사회역사적 효과다. 이들도 이제는 40대의 문턱을 넘어서고 있다. 이번 선거에서 이들은 열린우리당과 민주노동당 지지를 통해 자신들의 이념성향을 다시 한 번 보여주었다. 그리고 이런 투표 행태는 앞으로도 크게 변하지 않을 것으로 예측된다.

또 하나의 관심은 'N세대'의 향방이다. 'N세대'(*Net generation*)는 1970년대 후반 이후 태어난 세대로 컴퓨터와 인터넷에 친숙하며 쌍방향의 의사소통에 능통하다. 이들은 본디 골방의 세대, 즉 나홀로 세대이다. 동시에 탈정치화된 문화세대이다. 탈정치화된 세대가 어떻게 정치의 장으로 들어올 수 있었던 것일까.

여기에는 2002년 월드컵과 촛불시위의 경험이 매우 중요하게 작용했다. 거리의 맛과 멋을 체득한 온라인 세대가 오프라인에 눈을 뜬 것이다. 이들은 거리라는 현실을 자신들의 문화영역으로 만들었다. 그러나 이들 세대의 결속력과 충성도는 386세대와는 비교할 수 없을 정도로 취약하고 가변적이다. 이들은 상황에 따라 언제라도 변하는 다중 정체성을 갖고 있는 세대라고도 할 수 있다.

이번 총선에서도 이러한 경향이 여실히 드러났다. 2년 전 대선에서 노무현 정권을 탄생시켰을 때와는 양상이 달라진 것이다. 이번 총선에서 20대 초반(20~24세)은 40대 후반 내지 50대 초반 유권자와 비슷한 투표성향을 보인 반면, 20대 후반(25~29세)은 386세대와 거의 비슷한 투표성향을 보인 것으로 조사되었다. 이들 세대가 하나의 정체성이나 슬로건으로 묶어내기 쉽지 않은 세대임을 극명하게 보여주는 대목이다. 20대 후반의 진보성향은 여전히 온라인과 오프라인의 결합에 의한 정치적 영향력이 지속되고 있는 것으로 해석된다. 이와는 대조적으로 보수로 도피한 20대 초반의 탈정치적 성향은 앞으로도 상당기간 유지될 것으로 보인다.

그러나 한편으로는 세대담론이 과도하게 봇물을 이루는 것을 경계하지 않을 수 없다. 지구적 규모의 거대전환과 한국사회의 탈권위 현상 사이에서 중심동력으로 떠오른 386세대와 N세대가 실체적 개념인 것만은 분명하지만 과장된 측면을 부인하기 어렵기 때문이다.

세대 논의 역시 저널리즘적, 정치적 목적에 이용되고 있는 측면이 없지 않다. 미디어와 정치권에서는 상업적 목적을 위한 것이든 정치적 목적을 위한 것이든 간에 이들의 사회문화적 특징을 지나치게 단순화하여 세대상징으로 삼는 무책임성을 남발하고 있는 것이다. 역사의 연속과 단절이 역동적으로 나타나는 한국사회에서 세대가 매우 중요한 정치 동력의 축이라는 데에는 이견이 없지만 이를 과장하는 것은 적절하다고 볼 수가 없다.

재현된 '우리가 남이가'

4 · 15 총선은 지역균열의 정치에서 자유롭지 못했다. 선거의 전 과정에 지역균열의 정치가 잠복해 있었다. 물론 전반적으로는 지역주의 현상이 완화된 것이 사실이지만 자세히 들여다보면 매우 정교하게 재현되었으며 재생산되고 있음을 부인하기 어렵다. 영남과 호남을 가로지르는 준령을 가운데 두고 한나라당과 열린우리당이 양극 독점체제로 분할된 것은 여전히 느슨한 형태의 지역주의의 산물이다.

이번 선거에서 지역정서의 대명사였던 '우리가 남이가'의 업그레이드 버전이 되살아났는가 하면, 전북에서 열린우리당이 완전 석권한 것도 당대표의 연고와 무관하지 않다. 3김(金) 정치의 폐해가 단막극 형식으로 재현된 셈이다. 여기에 영남과 호남은 각각 상대방이 하나로 뭉쳐질 것을 우려하며 결집력을 더욱 높였다. 그러나 과거와 같은 지역 '할거'주의가 점차 퇴조하고 있는 것만은 분명해 보인다.

또한 4 · 15 총선은 '계급(층) 함수로서의 정치'라는 모습을 드러냈다. 계급투표는 자신이 속한 계급의 이익에 따라 투표하는 것으로, 상층계급은 대체로 보수주의 정당을, 하층계급은 진보주의 정당을 지지하는 것이 일반적 경향이다. 그러나 한국사회의 역대 선거에서 계급변수는 그렇게 두드러지게 작용하지는 않았다. 이념과 지역이 훨씬 큰 영향력을 행사했기 때문이다.

이번 총선에서는 지역성이 상대적으로 약한 수도권에서 계급투표의 양상이 두드러졌다. 그러나 배타적 균열양상은 아닌 듯하다. 이 부분이야말로 보다 엄밀한 계급, 계층별 투표행태에 관한 경험적 자료가 부족한 만큼 그 어떤 변수보다 조심스럽고 신중한 독해를 요구한다.

이번 총선에서는 시민단체의 활동에 대한 평가도 빠뜨릴 수 없다. 현실정치에서는 시민단체의 향후 행보에 대해 낙관과 비관이 엇갈리고 있다. 그러나 정부와의 관계에서만큼은 일정한 변화가 불가피할 것이라는 전망이 지배적이다. 국민의 정부 출범 이후 비판적 시민단체와 정부 사이에는 암묵적 파트너십이 형성되어온 것이 사실이다. 한국의 시민운동은 '이슈의 선점'이라는 운동방식을 최대한 활용하여 압축성장을 일구어냈다. 개혁의 이름으로 진행된 그간의 시민단체 활동은 어찌 보면 이슈선점의 독점체제를 구축하려는 것이었다.

보수의 '색깔론'과 진보의 '도덕론'

그러나 민주노동당의 원내 진출은, 시민단체들이 독점하다시피 한 진보적 개혁의제를 민주노동당에 넘겨줄 수밖에 없으며, 비판적 개혁의제는 여당인 열린우리당에 주도권을 넘겨줄 수밖에 없음을 시사하고 있다. 시민단체들은 이제 이슈의 선점 못지않게 완결성 있는 정책 제안과 시민에 기반을 둔 운동의 토대를 빨리 구축해야 한다. 이번 총선에서 시민단체들이 선보인 낙천·낙선운동에 대해 시민단체 내부에서는 긍정적으로 평가하고 있지만 이를 그대로 수긍하는 국민은 많지 않다. 이번 총선 결과는 압축성장 과정을 거쳐 온 한국의 시민운동에 성찰적 고민을 요구한다. 다음 선거에서 지금과 같은 형태의 낙천·낙선운동이 계속된다면 철저히 외면 받게 될 것이 자명하기 때문이다.

4·15 총선 과정이 드라마틱했던 만큼 그 결과를 놓고도 해석이 분분하다. 사실상의 양당제 구조를 만들어 정국불안이 해소될 수 있게 됐다는 평가와 보혁갈등이 심화되면서 전방위적 갈등전선이 고착화될 수도 있다는 평가가 그것이다. 역사의 연속과 단절, 낙관과 비관이 공존하는 상황이다.

이념논쟁에 대해서도 긍정적 평가와 우려의 목소리가 팽팽하게 맞서고 있다. 한쪽에서는 진보와 보수의 이념적 갈등이 이미 위기상황에 이르렀다고 본다. 세계적으로 탈(脫)이데올로기 시대가 도래함에도 불구하고 우리는 해방 직후의 좌우익 간 갈등을 방불케 하는 보혁 갈등을 재생산하고 있는 데 대한 우려이다. 그러나 다른 한쪽에서는 이념과 관련한 정책논쟁을 더욱 활성화해 대안경쟁을 강화하는 것이 문제해결의 지름길이라고 주장한다. 세계가 탈이념의 사회로 나아가고 있다 하더라도 생산적 이념경쟁은 우리 사회가 거쳐야 할 통과의례라는 것이다.

정치는 상식이다. 이번 4·15 총선은 한국사회의 문제와 욕구가 그대로 반영된 극히 상식적인 결과를 낳았다. 각자 최선을 다하는 가운데 이기기도 하고 지기도 하는 것이 상식이다. 상식 수준에서의 권력은 주거니 받거니 하는 것이다. 이러한 상식을 받아들이지 않은 채 상생의 정치를 운운하는 것은 가식이요 구호에 불과하다. 넘겨주기도 하고 넘겨받기도 하는 성찰적 자세가 필요하다. 수십 년간 독점한 권력을 넘겨주면서 심리적 공황상태에 빠지는 것이나, '어떻게 쟁취한 권력인데' 하는 생각에 영원히 끼고 놓지 않겠다며 20~30년의 장기집권 플랜을 만들려는 것 모두 상식이라고 보기 어렵다.

새로운 정치는 이데올로기적 덫에 기생하는 보수의 '색깔론'과 도덕지상주의의 함정에 빠진 진보의 '도덕론'을 극복하는 형태가 되어야 할 것이다. 보수세력은 아직도 '개혁 피로' 운운한다. 이는 '여전히 우리가 한국사회의 주류이고 중심'이라는 생각에서 비롯된 것이다. 이제는 이런 생각을 버리고 한국사회의 재구조화 과정에서 자신들이 과연 어떤 위치에 있어야 하는지를 고민해야 할 때다.

반대로 진보세력은 얄팍한 도덕적 우월성에 도취해 제도권 내 게임의 룰을 존중하지 않는 인기영합주의와 같은 섣부른 정치를 펼 경우 현재의 불안한 우위를 놓칠 수 있다는 것을 알아야 한다. 현재 한국사회의 진보 · 보수 대결구도는 전근대적인 권위주의 질서가 해체된 공간에서 양자 중 어느 쪽이 먼저 합리적 권위를 생산해내느냐에 따라 승패가 갈릴 것이기 때문이다.

정부 · 기업 · 시민사회의 정립(鼎立)구조 필요

이처럼 어느 쪽이 먼저 합리적 권위의 모델 창출에 성공하느냐에 따라 민심의 이동 역시 불가피해질 것이다. 한나라당은 '합리적 보수'를 표방하고 열린우리당은 '개혁적 진보'를 외치지만, 양자 모두 현시점에서 민심이 요구하는 것과는 거리가 있어 보인다. 권위구조의 패러다임 변화에 적응하려면 한나라당은 당의 정책이나 구성원의 도덕성을 탈골하는 수준을 넘어 자기 정체성을 변화시키는 '개혁적 보수'로 방향을 잡아야 하며, 열린우리당은 게임의 룰을 지키며 책임지는 정권의 모습을 보여주는 '합리적 진보'로 거듭나야 한다.

보수는 세상이 변하고 있음을 직시해야 한다. 두 번의 선거에서 잇따라 패배한 것은 과거의 정치 관성을 고집하고 세상의 변화를 읽지 못한 데 따른 결과다. 탈권위주의의 시대에서 구래의 권위를 움켜쥐고 있는 한 그 말로는 자명하다. 한편 진보의 생명력은 선명성이다. 역사적으로 볼 때 선명성을 견지하기 위해 진보는 끊임없이 분열의 과정을 겪었다. 그러나 사회통합이라는 시대적 요구를 외면할 때의 말로 역시 자명하다.

이제 한국사회는 성숙한 정치의식을 바탕으로 새로운 지배구조(*governance*)를 만들어내야 한다. 현실 정치권에서 보수 · 진보의 성찰적 구조가 필요하듯, 사회운영의 중심축으로서 정부 · 기업 · 시민사회의 성찰적 정립(鼎立)구조가 형성되어야 한다. 압축성장 과정에서 불균형적으로 만들어진 지나친 국가개입주의, 기업의 과도한 시장근본주의, 시민단체의 일방적 시민사회화는 모두 우리 사회가 극복해야 할 과제이다.

정부 · 기업 · 시민단체가 상호 균형 속에 긴장하는 새로운 '거버넌스'가 필요하다. 이렇게 될 때 4 · 15 총선은 한국 정치사의 한 획으로서, 소용돌이 정치를 종식하고 한국사회 발전의 대서사를 향한 전주곡으로 기록될 것이다.

〈신동아〉 2004년 6월호
'권위 파괴, 이념 빈곤, 미완성의 세대정치'

탈권위의 함정, 네거티브 리더십의 한계, 개혁의 미완

2005년 참여정부 2년

탈권위가 합리적 권위마저 훼손

노무현 대통령의 참여정부가 출범 2년을 맞는다. 개혁과 통합을 국정의 비전으로 설정했건만 참여라는 원죄 탓인지 아니면 탈권위의 함정 탓인지 사회갈등을 둘러싸고 바람 잘 날 없었다. 국정운영에 관한 여론조사는 지난 2년 내내 기대에 못 미치는 성적표로 일관하였다. 대통령의 리더십에 대한 평가 역시 호의적이지 않았다. 이념적, 경제적, 지역적 대립은 한계치를 넘어설 만큼 심각했다.

어느 쪽으로 가야 할지 몰라 방황한 우왕좌왕(右往左往)의 1년, 그리고 같은 무리와는 똘똘 뭉치고 다른 무리의 사람은 무조건 배격한다는 당동벌이(黨同伐異)의 1년을 보내면서 개혁과 통합의 비전은 힘을 잃고, 갈등과 반목은 봇물을 이뤘다. 소용돌이 정치의 한 가운데 노무현 정부가 서 있는 것이다.

노무현 정부의 트레이드마크는 단연 탈권위주의로 모아진다. 참여정부의 상징성은 기득권과 낡은 권위주의적 관행의 타파에서 시작하였다. 노무현 대통령은 이른바 제왕적 대통령으로 통칭되는 불합리한 권위주의를 불식시키는 데 노력하였다. 사실 탈권위를 향한 노 대통령의 행보는 파격적이었다. 취임 직후 가졌던 젊은 검사들과의 TV대화를 비롯하여 이해당사자들을 직접 만나 설득하고 협상하고 호소하는 일련의 포퓰리즘적 행보는 역대 그 어느 대통령에서도 찾아보기 어려운 기득권과 권위주의의 해체로 받아들여진다. 권위주의 청산은, 국가기구를 권력의 하수인으로 만들지 않겠다면서 국가정보원, 검찰, 경찰, 국세청, 이른바 권력 빅4의 자기자리 찾아주기로 이어졌다. 정보화 시대의 대통령에 걸맞게 이메일을 통한 격문을 지지자들에게 직접 전달하는 것도 과거의 권위주의적 관행과는 분명 차별성을 지닌다.

그러나 한국사회의 탈권위주의 흐름을 순전히 노무현 대통령의 행보에서 찾는 것은 협소한 진단이다. 돌이켜보면 1997년 외환위기는 우리의 과거를 부인하게 만드는 역사의 단절이었다. IMF 구조조정 교본은 한국사회, 한국인으로 하여금 과거와의 절연을 강요했으며, 정부, 기업, 금융, 노동은 물론이고 일상의 관행마저 과감히 버릴 것을 요구했다. 나아가 한국인의 가치와 태도마저 변화할 것을 요구하고 나섰다. 내가 누구인지를 담보해주는 정체성은 그 토대부터 흔들리기 시작했다.

외환위기를 겪으면서 한국사회는 이미 구조적으로 탈권위주의로의 이행을 보이기 시작했다. 여기에 불합리한 기득권과의 타협을 거부한 노무현의 상황적 조건이 맞물리면서 구래의 권위주의 질서는 빠르게 해체되기에 이른다. 물론 노무현 대통령이 보여준 탈권위의 행보를 가볍게 언급할 필요는 없을 듯싶다.

사회는 냉정하다. 사회는 노무현 정부의 탈권위주의 행보를 권위의 실종으로 읽어내기 시작한 것이다. 이익집단의 목소리가 거리의 정치에서 제도의 정치에서 여과 없이 무차별적으로 분출하였다. 거의 모든 이해집단들이 서로 다른 요구와 불만을 표출했다. 집단이기주의가 폭발적으로 증가하였으며, 때로는 정부가 보인 협상에 대해 원칙 없는 양보라는 비판이 이곳저곳에서 쏟아졌다.

정작 있어야 할 권위를 상실한 정부는 사회갈등을 조율할 조정기제는 물론이고 경험적 노하우도 없이 허둥대는 양상을 보였다. 여기에 대통령의 파격적이며 거침없는 돌출 발언은 국정운영이 요구하는 최소한의 권위마저 의심스럽게 만들었다. 노무현 대통령의 험난한 2년은 권위주의와 함께 권위를 버리면서 예정되어 있었다.

한 번 실종된 권위를 복원시키는 것이 얼마나 어려운가는 지난 2년이 말해준다. 권위주의를 해체하면서 존경과 신뢰가 내포된 권위를 실종시킨 것이 노무현 정부 내내 큰 부담으로 이어지고 있는 것이다. 탈권위주의는 과거의 벽을 깨는 과정에서 오히려 사회질서에 꼭 필요한 합리적 권위마저도 훼손되는 상황으로 들어갔다. 노무현 정부는 구래의 권위를 거부하고 과거의 권위주의를 해체하는 데는 성공하였지만 새로운 권위를 만들어 내는 데는 실패한 셈이다. 사람에 의한 권위구조는 붕괴시켰지만 제도나 시스템에 의한 권위구조는 만들어내지는 못했다. 노무현 정부는 탈권위주의의 함정에서 좀처럼 벗어나지 못하고 있는 것이다.

배제를 함축한 참여의 아이러니

노무현 정부의 하이라이트는 참여에 있다. '국민이 대통령입니다'라는 참여의 상징성은 구호만큼이나 신선했다. 참여정부가 출현하게 되는 배경은 2002년 대선에서 한국 정치사의 새로운 장이 열리는 민주당 국민참여 경선이 성공적으로 이루어지면서 비롯한다. 이후 노무현 정부가 들어서면서 참여의 의미는 온라인과 오프라인에서 국민참여의 다양한 방안을 제공하고 이를 바탕으로 사회통합의 효과를 기대한다는 것이었다. 참여가 우월하다는 것은 보통 사람의 삶의 질 향상을 포함하는 시민권의 확대 및 실현이 가능하다고 판단하기 때문이다. 참여의 핵심은 국민이 참여하고 이를 통해 국민의 삶의 질이 높아짐으로써 사회통합을 도모하는 것이다.

그러나 참여정부에서 사회통합을 향한 참여 기획은 이른바 코드 이데올로기만 무성했다. 코드에 맞는 부분만 받아들이며, 비판은 무조건 반대편으로 간주한 것이다. 노무현 정부가 보여준 비판에 대한 수용도는 대단히 낮으며, 비판하는 이들을 정권부정 세력이나 수구세력으로 간주하곤 했다. 폐쇄적 이분법의 구획에서 한 발도 옮기기를 거부했다고 보는 것이 정확할 듯싶다. 코드에 맞추는 데 주력하다 보니 주도세력의 내부도 갈라지고 외연은 넓어지지 않았다. 당연히 개혁에 필요한 인재난에 부딪히지 않을 수 없다. 사람이 없다는 태생적 한계가 확대 재생산되었다. 모든 것을 이분법의 시각으로 보는 상황에서 모두가 사소한 일에서조차 너무 예민한 반응을 보였다. 그동안 여야에서 나온 상대방에 대한 논평은 민주화되고 문명화된 사회에서 사용하는 언어라고는 도저히 보기 어려울 정도로 천박하다.

참여정부에서 참여의 현실은 아웃사이더를 새로운 세력으로 진입시키는 것으로 나타났다. 가혹하게 말하면 주류교체 작업이며, 새로운 세력의 형성인 것이었다. 참여의 핵심은 국민과 정부 사이의 의사소통을 확장하는 일이며 제도화하는 일임에도 불구하고 참여의 제도화는 좀처럼 확장되지 않았다. 명분으로서의 참여가 아니라 실제로서 참여가 있는가 하는 의문을 던지지 않을 수 없다. 참여가 배제를 함축하는 코드와 등식을 이루는 아이러니 속에서 사회가 치러야 할 비용은 늘어나기만 했다. 여기에 참여의 또 다른 현실은 오로지 자신의 목소리만을 관철시키려는 집단이기주의로 분출하면서 참여정부로서는 내실 없는 혼란만을 떠안기도 하였다.

편가르기 부른 네거티브 리더십

대통령의 리더십에 관해 노무현 대통령만큼 자주 거론된 대통령도 없을 것으로 보인다. 지난 2년 동안 노무현 대통령에게 요구하거나 비판했던 많은 것을 한마디로 정리하면 통합의 리더십을 보여 달라는 것이었다. 흔히들 국정의 난맥상을 노무현 정부의 리더십 부재에서 찾곤 한다. 그러나 이러한 평가는 적절한 것으로 보이지 않는다. 정권을 창출하고, 그것도 어려운 여건 속에서 거대 여당을 만들었는데 리더십의 부재를 얘기하는 것은 적절하지 않다. 문제의 핵심은 노무현 정부의 리더십이 네거티브 리더십(*negative leadership*)이라는 데 있다.

네거티브 리더십의 특징은 과거의 잘못을 지적하고, 기존의 것이 잘못되었음을 열거하면서 리더십을 유지하는 것이다. 이러하기에 네거티브 리더십이 전망적이지 못한 것은 당연한 귀결이다. 한계가 분명한 리더십일 수밖에 없다. 과거와의 차별성만이 강조될 뿐이다. 과거와의 차별성을 부각시킨 다음의 수순은 편가르기의 정치다. 노 대통령은 지난 2년 동안 여러 국면에서 편가르기의 정치를 해왔으며 통합의 리더십을 보여야 한다는 비판을 끊임없이 받았다. 여기에 대통령 특유의 정서적 급진주의와 즉흥적 언술이 리더십에 대한 신뢰를 더 꼬이게 만들었다. 네거티브 리더십에서 전망적이고 생산적인 개혁이 이슈로 등장하리라고 기대하는 것은 애당초 접어야 한다.

그럼에도 불구하고 네거티브 리더십이 국민에게 먹혀들 수 있었던 것은 보수는 부패이고 무능이며, 과거는 보수라는 낙인이 한국사회에 광범하게 퍼져있었기 때문이다. 다시 말해 네거티브 리더십의 본유적 한계에도 불구하고 일정 부분 대중적 정당성을 확보할 수 있었던 것은 기존의 모든 것을 대변하는 보수와 무능과 부패로 연상되는 지난 시대에 대한 거부였기 때문이다. 이런 점에서 네거티브 리더십은 상당한 대중 포섭력을 지니고 있다. 그러나 국정을 담당하는 중심세력으로서 여전히 해체 지향적 네거티브 리더십을 견지하는 것은 온당하지 않다.

노무현 정부의 시작은 역동적인 만큼 긴장이었다. 주류세력의 교체라는 이른바 판바꾸기가 수순으로 대기하고 있었기 때문이다. 그동안 표명된 국정 방향과 정책을 정리하면 주류를 대체하려는 의도를 어렵지 않게 찾아볼 수 있다. 서울에서 지방으로, 강남에서 강북으로, 수도권대학에서 지방대학으로, 미국중심의 외교에서 탈미국중심의 외교로, 정부부처 중심의 정책에서 위원회 중심으로 말이다.

주류의 교체는 인위적이었으며 강하게 추진되었다. 그러나 문제는 주류 교체의 방식이 주변의 역량을 강화(*empowerment*)하는 것이 아니라 중심을 없애는 것으로 진행되었다는 것이다. 분명한 것은 역량을 강화하지 않고 인위적으로 안겨지는 중심은 중심으로서의 역할을 수행하기 어렵다는 점이다. 기득권 세력을 설득해야 하고 이들의 저항을 줄여야 한다. 오죽하였으면 '강자와 부자의 존재를 인정해야 한다'라는 거친 제목의 칼럼을 명망 있는 한 원로가 신문에 기고하였는지를 성찰해 보아야 한다.

개혁정부에 개혁이 없다?

끊임없이 시도되지만 끊임없이 실패하는 것 역시 개혁이다. 끊임없는 시도와 끊임없는 실패는 개혁의 매력이자 개혁의 함정이다. 노무현 정부의 개혁은 개혁의 대상을 적시하고 부수는 것에는 능숙함을 보였다. 그러나 필요한 것을 만들어 내는 것에는 서툴렀다. 부수고 해체시킨 그곳에 무엇을 어떻게 세울 것인가에 관해서는 취약했다. 개혁의 정부였던 김영삼, 김대중 정부 모두 집권의 시작과 함께 강한 개혁의 정치를 보였지만 국정 운영의 난맥상을 보이면서 개혁은 실패로 기울어지기 시작하였다. 이들 대통령 재임 후반기는 마키아벨리가 적시한 권력의 세 가지 변질 중 어느 하나로 귀결되는 미완성의 개혁정부로 마무리하였다.

마키아벨리는 권력이 무능하고 타락했을 때 나타나는 현상의 첫 번째로 시간이 약이라는 인식이 확산되면서 이 고비만 어떻게 넘어서면 언젠가는 반전의 기회가 있을 것이라는 식의 기회주의의 만연을 지적한다. 두 번째는 장기적이며 일관된 방향 없이 임기응변으로 당면문제만 피해 가는 인기영합에 매몰되는 인기주의가 그것이다. 세 번째는 이를 전제로 한 상대편의 흠집내기와 역전만을 노리고 복수만을 일삼는 보복주의가 그것이다. 전망적이지 못한 개혁은 마키아벨리가 경고한 권력변질로 쉽게 매몰될 위험에 처하기 마련이다. 노무현 정부의 중심세력인 386세대에게 권력으로 쉽게 변질하지 말 것을 경고하는 것도 반복되는 역사의 교훈에서 비롯한다.

노무현 정부 출범 때부터 개혁정치의 목표와 의지 못지않게 개혁의 방법에 관한 치밀한 시스템 구축을 주문했다. 시행착오를 줄이고 불필요한 갈등을 막기 위해서다. 그리고 국민통합이 동반되지 않은 개혁은 결코 성공한 개혁이라 평가 내리기 어렵다는 점이 개혁의 완성을 위해 절대적으로 필요하다고 자주 지적되었다. 어떤 의미에서 반대편이 따라 오지 않을 수 없을 정도의 논리와 지지기반이 없으면 요란한 개혁이라는 말을 안 꺼내는 것이 더 현명할지도 모른다.

노무현 정부의 개혁이슈는 김영삼, 김대중 정부의 개혁이슈보다 훨씬 넓다. 개혁이슈가 넓은 만큼 사회통합도 매우 어렵다. 개혁이슈가 넓음에 따라 과거의 사회갈등과 달리 다양한 이해, 이념이 복합되어 있으며, 문제해결 역시 쉽지 않다는 점을 알아야 한다.

이러하기에 전방위적으로 모든 개혁을 동시에 펼치기보다는 우선순위를 정하여 추진하는 것이 순리이다. 너무 많은 개혁과제를 집권 5년 동안 달성하겠다는 것은 과욕이라는 지적을 경청해야 한다. 우선순위에 대한 정돈이 필요하다. 노무현 정부는 개혁에 대한 강한 강박감을 가지고 있는 것으로 보인다. 이러한 상황에서 개혁의 비전이 조금이라도 불분명하고 성과를 보이지 않으면 국민은 반복되는 개혁으로 인한 피로감을 토로하기 시작한다. 개혁이 악순환의 고리로 들어가는 것이다.

개혁의 취지와 의도가 아무리 좋다고 하더라도 과정이 공정하지 않으면 수용되기가 힘들다. 과정의 공정성(*fairness*)은 사회질서의 최소 조건이고, 사회적 수용의 최대 덕목이며, 합리적 권위의 기본토대이다. 과정이 공정하지 않으면 이해당사자의 명시적 혹은 암묵적 거부가 있기 마련이며 게임의 규칙으로 인정하지 않는 법이다. 한 예로 수도이전 문제의 경우, 수도이전이 대통령의 공약사항이고, 대통령이 되었기 때문에 수도이전은 정당하다고 하는 것은 과정의 공정성을 무시한 것이다. 헌재의 결정은 법률적 해석인 듯 보이지만 사실은 과정의 공정성을 지킬 것을 주문한 것이다.

해체로 포장되는 개혁의 미완이 개혁방향과 방법론의 부재에서만 기인하는 것은 아니다. 더 심각한 원인은 노무현 정부의 정체성의 혼란에서 찾아진다. 정책의 측면에서 제기되는 노 정부의 정체성 비판을 피해가는 것 역시 어려워 보인다. 노 정부는 자신들의 정체성과 관련하여 가장 우선적으로 시행해야 할 정책이 무엇인지를 모르고 있는 것 같다.

참여정부에 들어서 빈부격차가 더 벌어졌다는 점에서 이 정부의 정체성 문제를 언급하지 않을 수 없다. 참여정부에서 빈곤층이 급증하고 불평등이 심화되고 있다는 것은 그 어떤 변명으로도 용납되기 어렵다. 민주화가 진척되면서 오히려 민주주의의 질이 나빠진다는 지적도 이러한 경제양극화나 사회경제적 기반의 취약에 대한 우려에서 나왔다.

사실 노무현 정부에서 현실생활에 기초를 둔 사회경제적 문제는 정작 중요 의제로 부각되지 못하고 있다. 대신 이념적 대립을 불러일으키는 상징적 이슈 또는 행정수도 이전과 같은 지역개발의 사안들이 정책의 최우선순위에 자리잡았다. 계층간의 골이 깊어지고 경제적 양극화가 심화되고 있지만 정작 필요한 사회경제적 정책 대안은 구체화되지 못하는 형편이다.

흔히들 좌파적 정책을 고수할 경우 성장동력이 약화되고 우파적 정책을 고수할 경우 사회적 양극화가 심화된다고 한다. 그러면 성장동력의 약화와 사회적 양극화를 함께 보여주는 노무현 정부의 정책은 어떻게 평가 내릴 수 있는가. 물론 성장동력이 떨어지고 사회적 양극화가 심화되는 이중의 과제를 노무현 정부의 책임으로만 돌릴 수는 없다. 이중의 과제를 놓고 상황에 대해 근거 없는 낙관론에 기대는 것은 무책임한 자세라 하지 않을 수 없다. 이런 상태가 얼마간 더 지속된다면 개혁정부에 개혁이 없다는 말이 빈말이 아니게 될 것이다. 개혁정부에 개혁이 있고 참여정부에 참여가 있게 인식하는 길은 무엇보다도 사회경제적 격차를 줄이는 데서 찾아야 할 것이다. 사회경제적 측면에서 국민통합이 동반되지 않은 개혁은 성공한 개혁이라 평가 내리기 어렵기 때문이다.

개혁은 예측가능하고 내실 있어야

이러한 문제의 상당 부분은 노무현 정부의 정책실행 방식에서 기인한다. 2004년 5월 대통령자문 정책기획위원장은 한 대학교 강연에서 12개 국정과제 위원회가 1년 동안 무려 5천 번이나 회의를 하면서 정책을 조율했다고 얘기하면서 언론과 사회가 이러한 노력을 외면하고 있다는 불만을 털어놓았다. 열심히 일하는 입장에서는 일리가 있다. 5천 번은 모든 위원회가 1년 365일 매일 회의를 한 셈이다. 되묻지 않을 수 없다. 매일 한 회의 결과가 무엇인지를 말이다.

그동안 국정 각 분야에서 수백 개의 로드맵이 만들어졌다고 하지만 무엇이 어떻게 관통되고 있는지를 아는 이는 그리 많지 않아 보인다. 이것을 무심한 사회의 탓으로 돌리는 것은 온당하지 않다. 그동안 완성도가 낮은 정책이 빚어낸 혼선이 한두 가지가 아님을 감안할 때 프로포잘(*proposal*)만 난무한다는 비판을 피할 수는 없을 것이다.

어느 시대 어느 사회를 막론하고 개혁 담론은 보편적 정당성을 확보하기 마련이다. 기존의 잘못된 부분을 고쳐야 한다는 개혁의 필연성에 누가 이의를 제기하겠는가. 거부의 명분이 없다. 개혁 담론에는 도덕적 정당성이 동반되는 것이 일반적인 예이다. 바로 이 대목에 개혁의 유혹과 개혁의 함정이 있다. 개혁의 태생적 정당성으로 인해 개혁은 일상화되고 타성이 붙게 된다. 개혁만 팔아먹어도 10년은 먹고산다는 어느 웹진 매체의 대표가 내뱉은 말을 곱씹어 볼 필요가 있다. 혹시 개혁의 연습을 빙자한 방종에서 벗어나지 못한 것은 아닌가 하는 질문을 던져본다.

개혁과 참여의 정부로 출범한 노무현 정부에 대한 국민의 기대는 개혁과 참여의 비전을 통해 한국의 사회경제적 기반을 탄탄히 하고 국민의 삶의 질을 높이는 미래지향적 국정운영이었다. 그러나 현실은 분열과 갈등을 증폭하는 쪽으로 개혁의 우선순위가 정해졌고, 그 결과 오늘날 한국사회가 겪는 대립은 국민통합의 위기를 가져왔다. 사회갈등을 금기시할 필요는 없다. 민주주의 자체가 갈등의 산물이요, 해결의 제도이다. 갈등이 표출될 때에만 사회적 약자를 향한 보호가 논의되었으며, 통합의 이데올로기에는 종종 강자의 기득권을 옹호하려는 의도가 숨겨져 있음도 부인할 수 없다.

그러나 정부의 방향설정과 메시지에 대해 사람들이 다르게 수용한다면 그것 자체가 사회적 사실이며 이를 중시해야 할 것이다. 진보의 생명력은 선명성이다. 역사적으로 볼 때 선명성을 견지하기 위해 진보는 끊임없이 분열의 과정을 겪었다. 그러나 국정의 중심에 서서 사회통합이라는 시대의 요구를 방관한 것은 무책임한 일이 아닐 수 없다.

그동안 벌어진 국정혼선은 무엇을 해야 하고 무엇을 하지 말아야 할 것인가에 대한 조율이 없기 때문이다. 개혁이라는 혀끝의 단맛에만 취해 덥석 물고 나서 몸에 좋니 나쁘니 하다 삼키지도 뱉지도 못하는 어정쩡한 상태에서 이러지도 저러지도 못하는 상황이라고 한다면 너무 인색한 평가인가.

근자에 들어 노무현 정부는 아이러니컬하게도 보수와 진보 진영 모두로부터 비판을 받는 딜레마에 처해 있다. 무엇을 의미하는가. 선거에서 승리한 정체성의 정치가 소멸한 것이다. 정책의 측면에서는 일관성이 없다는 얘기이다. 모든 정책이 같은 논조를 가지기는 어렵다. 비동시성의 동시성이 현실임을 감안하면 충분히 수용할 수 있다. 이러하기에 정책의 우선순위가 더더욱 있어야 한다는 얘기이다. 유난히 자신들의 이념적 정체성을 중도라고 강변하는 것이 진보에 보험 들고 보수에 적금 붓는 형상이 아니기를 바란다.

이제 노무현 정부 출범 3년차로 들어간다. 노 정부의 개혁과 국정운영에 대한 비판이 있기에 가능성도 있다. 국정의 중심으로서 권위를 회복해야 한다. 소모적 이념논쟁을 줄여야 한다. 사회경제적 민생이슈를 적극 챙겨야 한다. 비판세력과 긴장된 균형을 유지해야 한다. 2005년에는 시스템이 작동하고 신뢰가 구축된 예측 가능하며 내실 있는 개혁으로 가는 전환의 시기가 되기를 기대해 본다.

월간 〈넥스트〉 2005년 3월호
'탈권위의 함정, 네거티브 리더십의 한계, 개혁의 미완' 일부 수정

IMF체제 10년, 지금 한국은

안정과 변화의 이중주

IMF체제 10년

세계화가 우리의 미래임을 호언하면서 OECD 반열에 당당하게 가입하며, 그토록 염원하던 1인당 국민소득 1만 달러를 달성한 바로 다음 해에 몰아닥친 1997년 외환위기, 이어진 3년 8개월의 IMF 관리, 그리고 구조조정의 긴 노정은 한국인의 과거와 현재를 송두리째 앗아갔다.

나의 삶을 보장해주지 못하면 그것이 민족이든, 국가이든, 전통이든, 조직이든, 이념이든 미련 없이 훌훌 털어 버리겠다는 탈민족, 탈국가, 탈전통, 탈조직, 탈이념화가 빠른 속도로 진행되었다. 네 마리의 용 운운하던 한강의 기적과 성장의 신화는 일그러진 영웅의 모습으로 전락했다. 구조조정의 폭풍 속에서 효율성과 경쟁력만이 존재의 가치로 인정받았다. 들어본 적도 없는 정체불명의 글로벌 스탠더드의 벽을 넘어서는 것이 그리 간단치 않음을 매일매일 체험하면서 매우 비싼 수업료를 지불했다. 이렇게 한국인은 자신들의 과거를 하나 둘씩 버리면서 어둡고 긴 잃어버린 10년의 터널을 지나온 것이다.

사실 과거에도 세상은 불확실하고 당장 바뀌어야 할 무엇이었다. 그러나 그때에는 격동의 가운데에서도 출구찾기에 무언가 합의가 있었고, 한국적 정체성에 대한 일정 부분 공감과 함께 동력의 실마리를 놓치는 않았던 것으로 보인다. 그런데 지금은 어디에서 동력을 찾아야 할지 모르기에 오늘의 불확실성은 불안하고 부담스럽기만 하다.

우리가 버려야 할 것은 분명하지만 새로이 무엇을 만들어내야 할지를 몰라 몹시 당황하는 형국이다. 권위주의를 몰아낸 자리에 새로운 권위를 만들어내지 못하고 있으며, 한국형의 발전모델은 분명 폐기했지만 대안모델은 좀처럼 제시되지 않으며, 국가와 제도에 대한 불신은 커지지만 이를 줄일 수 있는 마땅한 방안은 없으며, 공동체에 대한 신뢰 역시 과거와는 다르게 그리 두텁지 않다. IMF체제 10년은 분명 과거 한국사회가 직면하곤 했던 불확실의 시대와는 사뭇 다르다.

환란 겪으며 모험기피 사회로

불확실한 미래에 대한 대처방안은 크게 2가지로 나뉜다. 하나는 불확실의 공간을 모험과 도전으로 대처하는 방안이며, 다른 하나는 불확실의 공간을 안정과 대세로 대처하는 것이다. 어느 대처방안이 절대적으로 좋고 어느 대처방안이 절대적으로 그러하지 않다는 논법은 적절하지 않다. 어느 시대, 어느 사회냐 하는 역사적 상황조건에 따라 그 대답은 달라지기 마련이다.

실제로 외환위기 이후 지난 10년 한국사회를 가로질렀던 키워드를 종합적으로 살펴보면 크게 두 가지의 트렌드가 있는 것으로 확인된다. 벤처, 창업, 기업가 정신, 올인, 대박 등으로 묶이는 모험의 한 부류와 공무원 열풍, 위험기피, 가족, 실용 등으로 묶여지는 안정의 한 부류로 모아진다.

외환위기 직후에는 사회 전체적으로 모험과 도전이 강조되어 나타났다.

결코 쉬운 일은 아니었지만 위기를 도전과 모험으로 극복하고, 인생역전을 이룬다는 담론이 확산된 것이다. 흔하지는 않았지만 모범적 성공사례도 발굴되었고, 정부는 많지 않은 성공사례를 가지고 신지식인이라 하여 대대적으로 홍보했으며, 언론은 이를 심심찮게 기사화했다. 적어도 이데올로기적으로는 국민 모두가 환란을 극복하는 주역으로 동원되었다.

그러나 시간이 점점 지나면서 벤처의 버블, 창업의 허구가 가시화되고 모험과 도전의 트렌드는 안정과 실용의 트렌드로 경도하는 모습을 보였다. 벤처와 창업은 성공보다는 실패의 가능성이 훨씬 높았으며, 올인과 대박은 시쳇말로 쪽박으로 이어지기 일쑤였다. 위기가 곧 기회라는 낭만적 구호를 내걸고 인생역전을 꿈꾸는 도전과 모험이 어쩔 수 없이 안정을 선택하지 않으면 안 되는 구조적 양상으로 돌아선 것이다. 사실 모험이 싫다거나 안정이 좋아서가 아니라 모험을 아무리 갈망해도 사회환경이 이를 뒷받침해줄 수 없었기 때문이다.

코스닥 증시는 벤처기업과 함께 외환위기 이후 도전과 모험에 기반을 둔 출구찾기의 대명사로 여겨졌다. 그러나 돌이켜보면 증시에서 한때 코스닥시장을 이끌었던 이른바 벤처 황제주들 중에서 지금까지 제대로 성장한 기업이 몇 개나 되는지를 반문해보지 않을 수 없다.

모험의 물결이 점차 안정의 성향으로 바뀌는 양상은 서점에서 판매되는 이른바 베스트셀러의 목록에서도 여실히 드러난다. 외환위기 이후 몇 년은 대체로 벤처, 창업, 재테크, 미래예측의 도서들이 최고의 판매부수를 기록했다. 그러나 요즘 이런 책들의 인기는 과거와는 사뭇 다르게 시들하다. 요란스럽게 한국사회의 미래로 거론되던 벤처는 상당 부분 거품으로 사라지고, 창업으로 성공하기는 더욱 어렵고, 구조조정의 고삐는 좀처럼 풀리지 않으면서 어떻게 하면 조직에서 직장에서 살아남을 것인가의 문제가 당면 숙제인 것이다.

이러하기에 실전에서 응용할 수 있는 전문 실용도서에 관심이 모아지는 것은 극히 당연한 결과다. 실제로 실용도서가 급속도로 팔려나가기 시작한 것은 외환위기를 겪고 난 3~4년 후부터라는 출판계의 얘기는 모험과 도전에 기반한 문제해결이 대안이 될 수 없었음을 보여주는 것이다.

공무원 열풍이 말하는 것: 성공 · 도전보다는 안정

안정희구에 몰두한 한국인의 모습은 공무원 열풍에서 여실히 드러난다. 지난 몇 년 사이에 한국사회는 공무원 선호 사회로 급선회하고 있다. 7 · 9급 공무원 시험에 지원하는 준비자의 줄은 해를 거듭할수록 기하급수적으로 길어진다. 지원자가 늘어나면서 공무원을 선호하는 의식도 일상생활에서 확고하게 자리잡아 가고 있다. 마침내 공무원이 결혼 배우자감으로 1순위로 등장한 것이다. 남녀 모두에게서 말이다. 공무원이 최고 배우자감으로 부상한 것은 한국 기업에서 평생직장 개념이 사라지면서 정년을 보장하는 직장이 큰 인기를 얻게 되는 데서 비롯한다.

신랑 · 신붓감으로 공무원이 최고로 꼽힌다. 남성이 여교사나 공무원을 결혼상대자로 선호하는 것은 한국사회에서 오래된 일로 알려져 있다. 그러나 여성이 배우자로 공무원이나 교사를 선택하려고 하는 것은 IMF체제를 지나면서 확실히 달라진 모습이다. 결혼정보업체의 한 조사에 의하면 외환위기 전인 1996년 여성들은 대기업 직원을 가장 선호한 것으로 나타났으며 2000년 이전만 해도 교사는 순위에도 없었다. 2005년 조사에서는 공무원 1위, 교사 2위로 조사되었다. 엄청난 변화임에는 분명하다.

고시신문이 공무원 시험을 준비하는 수험생을 대상으로 한 설문조사에서 공무원이 되려는 이유에 75%가 직업의 안정성을 꼽았고, 적성에 맞아서는 불과 13%에 그쳤다. 공무원직을 선택하는 이유가 대단히 소극적이고 현실적응적임을 보여주는 대목이다. 삼성경제연구소의 2003년 보고서에 따르면 20대에서만 직장 선택 시 자신의 적성과 흥미가 가장 중요하게 고려되는 반면, 30~50대는 압도적으로 직업 안정성을 가장 중요하게 고려하는 것으로 나타났다.

공무원은 대학생 직업선호도 조사에서도 단연 최고순위를 기록하며, 그 어느 때보다 1등 배우자감으로 선호되고 있다. 이른바 한국사회에서 출세의 항목으로 지목되는 돈 · 승진 · 성공보다는 안정이 보장된 미래를 선택하는 것이다. 근자에 들어 공무원 사회에도 혁신을 요구하고, 업무수행 평가에 따른 인센티브 시스템을 도입하는 경쟁체제를 도입하고 있기는 하지만 정년보장의 안정성은 여전히 강한 매력으로 작용한다. 최근 의학전문대학원 입학을 준비하는 자연계 대학생들의 상당수가 고시열풍에 버금가는 것 역시 장래의 직업적 안정성에서 비롯한 것으로 분석된 바 있다.

한편, 외환위기 때 가장 수난을 경험한 은행원은 1998년에는 배우자 직업선호에서 순위 밖으로 사라졌으나, 2006년 배우자 선호직업 3위로 화려하게 부활했다. 그러나 그 어떤 직종도 당분간은 공무원 같이 신분보장에 의한 직업 안정성의 트레이드마크를 넘어서기는 어려워 보인다.

믿을 것은 오직 나와 가족뿐

외환위기 10년은 한국사회의 신뢰구조를 송두리째 흔들어 놓았다. 정부에 대한 불신은 말할 필요도 없고, 직장에 대한 신뢰와 헌신 역시 과거와는 많이 다르다. 그런가 하면 한국사회에서 전통적으로 강한 상호부조의 사회안전망으로 작동했던 다양한 형태의 공동체마저 그 기능을 제대로 발휘하지 못한다.

'믿을 것은 나밖에 없다'는 IMF체제 10년이 만들어놓은 사회적 책임 소재에 관한 중요한 메시지다. 사실 한국인은 국가와 사회와 민족을 나와 동일시하는 하나의 동질적 유기체로 간주했다. 외환위기 이전까지만 하더라도 말이다. 혹독한 구조조정, 정리해고를 직접 경험했든 경험하지 않았든 상관없이 직장인들은 이제 믿을 것은 나뿐이라는 생각을 하게 되었다. 평생직장의 개념이 사라진 지 오래되었고, 회사에서는 언제라도 해고될 수 있고, 전통적인 공동체에 기반을 둔 상호부조의 망도 무너지며, 그렇다고 국가가 책임져주는 대목도 약한 것을 보면서 나를 생각하지 않을 수 없게 되었다.

외환위기 이후 유난히 부각된 것이 가족이다. 극단적 효율성과 경쟁력만을 강조하는 세상에서 결속할 수 있는 대상이 있다면 그것은 다름 아닌 가족이라는 이른바 '가족' 화두가 확산되었다. 한국인의 직업의식 조사에서도 가족 지향성은 점점 더 높아지는 것으로 조사되었다. 불확실한 현실에 대처하기 위한 가족의 생존전략도 많이 달라졌으며, 가족공동체의 중요성이 재인식된 것이다.

기업의 보수적 투자 시나리오

도전과 모험을 회피하는 경향은 기업도 마찬가지다. IMF체제는 기업의 체질에도 엄청난 변화를 동반했다. 오늘날 기업만큼 글로벌 스탠더드에 예민한 반응을 보여야 하는 집단도 없을 것이다. 외환위기와 IMF체제를 거치면서 기업은 글로벌 시대에 맞는 기업의 요건이 무엇인지 터득했다. 매우 비싼 비용을 치르면서 말이다.

한국사회에서 재벌을 두고 만들어진 대마불사(大馬不死)의 신화가 붕괴되고, 과거에는 생각조차 할 수 없었던 은행도 망한다는 사실을 직시하면서 기업은 과거와는 다른 전략을 택하지 않을 수 없었다. 경영권 방어에 몰두하며, 내부를 다지며, 동원가능한 현금의 규모를 늘리고, 보수적 투자 시나리오를 선호하는 쪽으로 선회한 것이다.

기업의 투자 기준도 과거와는 달리 위험기피 성향을 선호하는 여건으로 바뀌고 있다. 경제의 질서가 시장 중심으로 운영되면서 모든 산법이 과거와 다른 것은 물론이고 불확실할 뿐만 아니라 기업활동의 기준도 철저해지고 빡빡해지기 때문이다.

과거와는 비교되지 않을 만큼 시장의 신호(*signal*)를 정확히 읽는 데 신중하지 않을 수 없게 되었다. '위험한 장사가 이문이 많이 남는다'는 장사꾼의 불문율을 실행에 옮기기에는 많은 부담이 따른다는 것이다. 당연히 불확실의 공간을 모험으로 대처하기보다는 안정의 전략으로 대처하지 않을 수 없다. 2006년 한국 기업의 설비투자 증가율이 0.4%라는 집계에서 알 수 있듯이 위험기피 현상이 과도하게 나타나고 있다. 기업가 정신은 더욱 위축되는 양상을 보인다.

기업의 권력은 소비자의 선택에 의해 결정된다. 이 시대 소비자의 기호와 선택은 과거와 달리 변화도 심하고 그 주기도 매우 짧다. 그런가 하면 과거와 같이 발전국가형에 의한 고성장의 엔진을 기대하기는 더욱 어렵다. 한국도 이제는 저성장의 시대를 받아들이지 않을 수 없다는 것이 전문가들의 진단이고 보면 고성장 시대에 유효했던 과감한 투자가 이윤의 함수로 설정된 기업의 전략은 더 이상 유효하지 않다고 보는 것이 정확한 진단이다. 역동성을 상실하면서 저성장의 사회환경 아래서, 설사 의욕에 찬 신생기업이라고 하더라도 새로운 사업을 포착하여 제대로 성장할 수 있는 가능성은 높지 않다.

문제는 과도한 쏠림현상

IMF체제의 10년을 겪으면서 한국사회에서 나타난 안정으로의 회귀는 자기 보호적인 합리적 선택이다. 이를 나무랄 수는 없다. 공무원 시험에 매달리고, 투자의 포트폴리오를 보수적으로 접근하고, 미래를 대비하여 개인 소비를 줄이는 것은 극히 당연한 일이다. 그러나 문제는 이러한 안정희구의 합리적 선택이 과도한 쏠림현상으로 나타나는 데 있다. 공무원의 예에서 확인할 수 있듯이 안정희구에 몰두하는 양상은 과히 열풍이라 할 만하다. 요컨대 사회동력의 부재를 우려할 만큼 염려되는 안정희구를 향한 돌진 현상은 자기 보호적 선택과 과도한 쏠림현상이 만들어 낸 결과인 것이다.

한편 개인이나 기업의 안정에 대한 선호를 사회가 전반적으로 보수화되는 경향으로 보는 것은 섣부른 진단으로 보인다. 일반적으로 안정과 보수는 함께 가는 것으로 이해하는 것은 크게 무리가 아니다. 어느 사회에서나 안정은 보수세력, 변화는 진보세력의 몫으로 여겨진다.

그러나 이와 같은 등식이 설득력을 지니기 위해서는 안정과 변화의 배경을 면밀히 검토해 보아야 한다. 안정의 선택이 능동적인 것에 의한 것인지 아니면 수동적으로 받아들인 것인지에 따라 상황은 많이 달라진다. 분명 능동적이고 자발적인 안정의 선택은 보수화의 사회 흐름을 예단 가능하게 한다. 그러나 안정의 선호 경향이 수동적이고 피동적이며 어쩔 수 없는 선택의 결과라면 얘기는 달라진다. 이 경우 안정의 경향성은 사회불만으로 잠재되어 보다 혁신적인 진보를 강하게 갈망할 가능성도 배제할 수 없다.

작금에 한국사회에서 나타나는 안정희구의 열풍은 성숙사회에서 나타나는 안정의 선호, 안정의 제도화가 아닌 것만은 분명하다.

지금 한국사회 · 한국인은 무엇을 해야 하는가

IMF체제는 효율성의 가치가 지배적이며, 실용성만이 극단적으로 강조되는 사회로의 편입을 의미한다. IMF체제를 경험하면서 모험을 기피하고 안정을 희구하는 경향은 현실의 냉혹함이 만들어낸 사회적 결과이다. 미래지향적 모험과 도전정신이 사라져가고 현실적 안정과 적응이 지배적인 사회적 태도로 자리잡아 간다. 그러나 한국인의 안정희구 성향과 현실적응의 태도를 사회의 불안요인으로 지목하면서 나무랄 필요는 없다. 다시 말해 안정희구와 현실적응을 잘못된 선택이나 추세로 몰아칠 필요는 없다.

옛 것은 사라지지만 새로운 것은 좀처럼 손에 잡히지 않는 현실에 놓여 있다. 안정을 희구하는 경향을 우려한 나머지 한국사회를 과거와 같은 틀로 회귀시키자는 주장은 위험한 발상이다. 사실 한국사회는 오랜 기간 압축성장에 길들여졌으며, 원하든 그러지 않든 슬로건으로서는 매우 거친 'Dynamic Korea'에 익숙해져 있기에 당장 새로운 틀을 받아들이는 것 역시 쉬운 일은 아니다. 그동안 우리는 과거와 같은 사회운영의 틀이 바뀌져야 한다고 주장해 왔으면서도 정작 바뀌진 틀의 결과인 안정위주의 태도는 받아들이려 하지 않고 있다.

이제 한국사회도 사회구조적으로 저성장 시대의 사회시스템을 받아들여야 할 것으로 보인다. 그리고 선진사회들이 보여주는 실질적 삶의 질을 담아내는 안정의 패러다임을 구축해야 한다. 그리고 불확실성이 상수(常數)로 존재하는 사회에 살고 있음도 받아들여야 할 것이다. 이러하기에 안정을 희구하고 위험을 기피하려는 선택은 당연한 일이다. 다만 역동보다는 안정, 도전보다는 안일을 택하는 과도한 쏠림이 가져올 사회침체를 우려하지 않을 수 없다. 위험을 각오한 도전정신이 사회 전반에서 사라져가는 현실에서 희망의 동력을 어디에서 샘솟게 해야 할 것인가를 고민해 보아야 할 것이다.

2007년에는 유난히 '희망'이라는 단어가 자주 등장한다. 2007년 벽두의 주요 일간지를 관통하는 키워드는 단연 희망이다. 희망은 동력을 필요로 한다. 2007년에는 희망의 동력을 찾아 나서는 데 분주해야 할 것이다.

특히 젊은 세대들의 안정성에 안착하려는 태도는 이동과 유연을 실천하는 21세기 신유목민적 성향과는 더욱 거리가 멀다. 많은 인재들이 안정성에 매몰되어 공무원으로 과도하게 몰리는 현상은 사회로 보아 결코 바람직하지 않다. 21세기 글로벌 시대는 그 어느 때보다 모험과 도전을 요구한다. 뿐만 아니라 향후 사회는 기업의 역동과 시민사회의 견제로 진행될 것임을 감안할 때 요즘 한국사회에서 공무원 열풍으로 나타나는 안정성으로의 과도한 쏠림은 우려되는 바가 크다.

경제적 효율성과 실용적 경쟁력의 잣대로 움직이는 세태 속에서 안정을 갈망하는 개인의 선택이 최종적 돌파구이며 출구찾기라는 사실을 확인하는 것은 편치 않다. 무엇보다 불확실의 공간을 모험과 도전으로 이어가는 활력이 넘치는 사회시스템이 절실히 요청된다.

월간 〈넥스트〉 2007년 2월호

'시대의 정신은 모험과 도전' 일부 수정

제 2 부

IMF를 넘어 성숙사회로

한국정치,
지는 법부터 배워야

《승리하는 아이로 키우려면 지는 법부터 가르쳐라》. 근자에 출간된 자녀 교육용 서적이다. 언뜻 보기에 지는 것이 이기는 것이라는 선문답 같은 인상을 주지만 내용은 일상생활의 모습을 담고 있다. 메시지는 이러하다. 패배를 알아야 진정한 승리를 알 수 있고, 지는 남을 배려할 수 있다. 지는 철학이 필요하고 지는 연습이 많이 필요하다는 것이다.

자녀교육의 경구로만 묵혀두기 아까운 메시지를 품고 있어 깊게 와 닿는다. 한국의 소용돌이 정치를 보면서 정작 지는 법부터 배워야 할 곳은 정치판이라는 생각을 하게 된다.

정치에서 진다는 것은 상상하기 어려운 일이다. 따라서 지는 법부터 배우라는 얘기는 근본적으로 말이 안 된다. 특히 한국과 같이 타협과 협상, 상생은 오간 데 없고 승자독식의 권력정치만 난무하는 사회에서 지는 법을 배우라는 얘기는 정치인들에게는 한가한 사람들이나 하는 소리 정도로 들릴 것이다. 권력이 모든 것을 결정하는 만큼 정권의 유지와 탈환은 생사를 건 치열한 격투의 양상을 보이기 마련이다. 모두가 권력 물신주의에서 벗어나지 못하는 형국이다. 자연히 정치의 장에서 벌어지는 일이라고는 우스꽝스럽기 그지없다. 민주주의의 묘미와 질서는 아랑곳하지 않고 말이다.

민주주의의 꽃은 정치권력의 교체에 있다. 민주주의가 정치권력의 등장과 퇴장을 제도화하고 있기 때문이다. 사실 권력으로의 등장과 권력으로부터의 퇴장은 동서고금을 막론하고 극적이었다. 그러나 오늘의 정치권력이 내일이면 바뀔 수 있다는 개연성이 마련되어 있는 제도는 민주주의뿐이다. 오늘의 민심으로부터 이반된 정권이나 정당은 집권의 자리를 내놓고 내일을 기다리며 준비하는 시스템이 민주주의 시스템이다. 민주사회에서 절대권력을 맹신하지 않으며, 절대인물에 맹종하지 않는 까닭도 여기에 있다.

이긴 자뿐만 아니라 패배한 자도 당당할 수 있는 제도가 민주주의 제도이다. 민주주의는 편가름이 있어 좋은 제도이다. 편가름이 사회발전의 동력인 셈이다. 편가름이 승자와 패자를 갈라놓지만, 재기가 가능하고 만회가 가능한 제도이다. 그 어떤 제도와 비교할 수 없는 민주주의의 묘미이다.

민주주의의 묘미를 거부할 때 정치는 아주 천박해질 수밖에 없다. 불행하게도 우리는 그 천박성의 한가운데 서 있다. 한 예로 근자에 정부 여당에서 논의되고 있는 후보사퇴론, 신당창당론을 보면서 이 당이 정말 민주주의 정당인가를 의심하지 않을 수 없게 만든다. 민주정당에 걸맞은 밑으로부터의 정치, 풀뿌리 정치의 명분과 실리를 등에 업고 역사적 국민경선을 통해 대통령 후보를 선출한 것이 불과 몇 달 전의 일이다. 한국 민주주의의 새로운 가능성이라 칭송되었던 성공적 실험이었다. 이런 절차를 통해 선출된 후보에게 단순히 여론조사에서 지지율이 떨어진다고 후보사퇴를 종용하는 것은 일반 상식으로 납득하기 어렵다. 그리고 더 해괴한 것은 경선에서 선출된 후보조차 경선을 스스로 포기하는 듯이 새로운 당 간판을 내걸겠다는 대목이다. 이렇게 민주주의를 실종시키고도 민주주의를 한다고 할 수 있는지 쉽사리 이해되지 않는다.

민주주의를 한다는 것은 정권교체를 당연한 것으로 받아들인다는 것이다. 그러기 위해서는 권력을 둘러싸고 이기는 법과 지는 법을 모두 배워야 한다. 그러나 한국의 정치는 오로지 이기는 법에만 매달려왔다. 이기면 모든 것이 나의 것이라는 오만함과 전횡이 난무하며, 졌을 때는 어찌할 바를 모르며 패배감과 분열의 양상을 보이기 일쑤다. 결국 한국의 정치는 민주주의의 덕목을 부정하는 셈이다.

선진 민주주의 모범국이 될 수 있는 조건은 정치권력의 교체와 순환을 당연하게 받아들이는 것이다. 더욱이 한국에는 동 · 서도 있고, 좌 · 우도 있고, 위 · 아래도 있다. 지역의 구획, 이념의 구획, 연령과 세대의 구획이 지역정치, 계급정치, 세대의 정치를 만들면서 복잡하게 얽혀있다. 이럴수록 민주주의에 충실해야 한다.

한국정치, 지는 법을 배워야 미래 있다.

〈서울신문〉 2002년 9월 5일
'한국정치, 지는 법 배워라'

한국정치의 창조적 파괴를 위하여

한국정치에 대한 국민의 신뢰가 땅에 떨어졌다. 정치권은 선거를 한 달여 앞두고 살아남기 위한 몸부림으로 요동을 친다. 자신들이 오늘날 한국사회의 불신과 부도덕의 주범으로 지목되고 있음을 잘 알고 있기에 국민을 상대로 하는 공개적 자리에서 항상 입에 달고 있는 메뉴는 국민을 볼 면목이 없다는 것이다. 그러고는 바로 돌아서서 다시 한 번 기회를 달라는 부탁을 빠뜨리지 않는다. 국민이 그렇게도 모멸하는 정치를 할 수 있도록 부탁하는 것을 보면 한국사회에서 정치는 여전히 인기산업, 인기업종임이 분명하다. 한국사회가 권력 물신주의에 푹 빠져 있다고 해도 결코 지나친 표현이 아닐 것이다.

성숙한 선진국일수록 정치는 사회공헌과 서비스로 자리잡는다. 물론 이들 나라에도 정치권력에서 비롯하는 특권으로부터 완전히 자유롭기는 어려운 것으로 보인다. 그러나 한국의 잣대로 보면 이들의 정치는 분명 사양산업이다. 이들이 누리는 정치권력은 한국적 기준으로 볼 때 너무 왜소하며 이렇다 할 매력도 없다. 의무에 비해 권리는 초라하다고 표현하는 것이 정확할 것이다. 그리고 초라한 권력에 대해서조차 높은 기준의 도덕성과 투명성을 요구하고 있으며 동시에 철저히 제도화되어 있다. 다시 말해 어겼을 때의 사회적 처벌은 매우 가혹하다.

그러나 우리의 경우는 어떠한가. 의무에 비해 너무나 당당한 무소불능에 가까운 권력을 행사하는 것은 물론이고, 투명성과 도덕성을 견제할 제도는 매우 부실하다. 국민은 왜 정치를 신뢰하지 못하는가의 질문이 끊임없이 나올 수밖에 없는 구조적 상황인 셈이다.

현실주의 정치사상가인 마키아벨리는 정치권력이 부도덕하고 타락할 때 나타나는 3가지 현상을 지적하면서 후대 경세가들이 경청해야 할 교훈으로 삼아야 한다는 흥미로운 언급을 한 바 있다. 기회주의가 그 첫 번째이고, 인기영합주의가 그 두 번째이며, 보복주의가 그 세 번째라는 것이다.

기회주의는 시간이 약이라는 사고가 만연하여, 이 고비만 넘기면 된다는 시간벌기를 통해 적당한 기회를 찾기도 하고 모면도 하겠다는 대응이다. 무능의 정치권력이 타락하는 양상이다. 두 번째의 인기영합주의는 장기적이고 일관된 방향 없이 임기응변으로 당면 문제만 피해 가는 대응이다. 당시의 인기에만 매몰된 채 진단 없는 처방만이 난무하며, 국민에게는 왜곡된 욕망만을 조장한다. 기교의 정치권력이 타락하는 양상이다. 세 번째의 보복주의는 상대방 흠집내기에만 혈안이 되고, 그 속에서 반전을 노리고, 복수만을 노리는 양상이다. 간계의 정치권력이 타락하는 양상이다.

권력의 세 가지 타락현상이 우리의 현실이 아니기를 희망하지만, 한국의 정치가 이를 비켜나가기는 어려운 듯이 보인다. 거칠게 표현하여 우리의 정치현실은 세 가지 타락현상의 한가운데 있는지도 모른다. 사실 정치가 국민의 신뢰를 진솔하게 받아내기란 낙타가 바늘구멍 들어가는 만큼이나 어렵다고 보아야 할 것이다. 훌륭한 업적을 만들어내야 하는 것은 물론이고, 이념적 정체성, 도덕적 청렴, 그리고 경의를 표하지는 않더라도 적어도 조롱은 하지 않는 언론의 보도가 동반되어야 한다. 그러나 그간의 정치역사적 사건에서 알 수 있듯이 정치가 국민의 신뢰를 유지하는 가장 중요한 항목은 어떤 일을 잘 수행하는 효율성이 아니라 품위와 도덕성이다. 이렇듯 국민으로부터 최소한의 신뢰를 얻는 것은 생각보다 쉬운 것인지도 모른다.

오늘날 정치 선진국과 정치 후진국을 가름하는 기준은 '서비스로서의 정치'가 실현되는가, 아니면 '권력으로서의 정치'가 실현되는가다. 정치에도 글로벌 스탠더드가 적용된다면 그것은 서비스로서의 정치일 것이다. 이제 한국사회도 정치가 세속적 의미에서의 인기가 없는, 다시 말해 누리고 남용할 수 있는 권력이 주어지지 않는 서비스로서 자리를 잡아야 할 것이다. 정치가 여전히 무소불위의 권력을 가진 인기업종으로 남아 있는 한 국민으로부터의 정치신뢰는 기대하기 어렵다. 이제 한국사회가 설정해야 할 정치적 좌표는 자명하다. 오늘의 소용돌이가 정치의 창조적 파괴로 이어지길 기대한다.

〈국민일보〉 2004년 3월 8일
'왜 정치를 믿지 않는가'

정부 한탕주의 미래는 없다

2002 월드컵이 막을 내린 지 달포가 지났다. 월드컵이 아니더라도 열풍은 지나가면 허전한 법이라는 일상의 진리를 모르는 바 아니지만 월드컵의 허전함이 빠르게 엄습하는 것이 마음에 걸린다. 88 올림픽의 씁쓸한 뒷모습이 생생한 기억으로 되살아나기 때문이다. 당시 올림픽 직후의 사회상이 떠오른다. 온 세계가 찬사를 아끼지 않은 올림픽을 우리가 언제 개최했느냐는 듯한 한국인의 표정들 말이다. 관제 일변도의 잔치였으니 우리의 기억에 오래 남을리 만무하다. 역사는 되풀이된다고 했던가. 2002 월드컵은 88 올림픽과 같은 운명이 되지는 않겠지만 그리 장담할 일도 아니다.

월드컵이 끝날 무렵 정부는 월드컵 이후 대책을 헤아리기도 한참인 여러 가지를 내놓았다. 얼마나 준비된 것들일까 회의감을 주기 충분한 관(官) 주도의 급조한 정책들이었다. 15개 주력산업은 무조건 세계 5위권 진입이며, 각종 기획단을 구성하는 등등 요란을 떨며 쏟아냈다. 준비 없이 즉흥적으로 입안된 것이라 그 실효에 대해 큰 기대는 하지 않았지만 지금까지라도 유효한지 의심스럽다. 관제 공휴일도 있었고, 민관합동의 이름으로 개최된 국민축

제도 열렸다.

어디 이것뿐인가. 정부산하 국책연구원들은 월드컵이 막을 내린 지 보름 남짓한 7월 중순에 부랴부랴 '월드컵 이후 국민적 과제'라는 세미나를 대대적으로 개최했다. 월드컵의 의미와 한국사회의 과제를 진단하려는 노력은 당연히 있어야 하고, 이들 연구소가 마땅히 해야 할 것이다. 그러나 정부의 생각이 연구원에 일방적으로 전달되어 정작 발표논문을 만드는 데까지는 그야말로 번갯불에 콩 볶아 먹는 시간밖에 없었을 것이다.

그동안 한국사회에서 월드컵에 관한 논의가 거의 없었던 우리의 현실에서 월드컵에 대한 깊이 있는 진단이 나오기는 어렵다고 보는 것이 정상이다. 한결같이 일회성, 일과성, 홍보성, 전시행정의 테두리 안에서 뱅뱅 돌고 있다. 1988년이나 2002년이나 마찬가지이다. 준비 없는 겉치레 잔치에 불과하다. 이러다 보니 모이는 것은 없고 잔치 한 번 치르는 것에 모든 의미를 부여한다. 무엇을 하였다기보다는 그냥 치렀다고 보는 것이 정확한 표현이다. 그저 한 건 올린 것으로 만족해한다. 결국 부실은 불을 본 듯 뻔하고, 미래는 기약되지 않고, 관제행사는 다시 반복되며, 국민적 동력은 퇴색되어만 간다.

이번 월드컵의 성공은 '아래로부터의 혁명'이 만들어낸 쾌거이다. Be The Reds가 그랬고, 700만의 거리응원이 그랬고, 자원봉사가 그러했다. 아래로부터 자발적인 자기 조직적 질서 만들기가 한국 월드컵의 대명사였다. 지금 포스트 월드컵 문화사회 만들기 논의가 한참이다. 문화광장을 만들고, K-리그의 영광을 재현하고, 축제문화의 소중함을 일깨워주는 방안을 모색하고 있다. 이 과정에서 정부의 역할은 매우 자명하다. 간접적 지원에 충실한 것으로 그 소임을 다하기 바란다. 행여 국면전환용으로 덕을 보겠다는 생각으로 주관 운운하지 않기를 바란다. 아래로부터의 혁명이 월드컵의 그때를 재현하듯이 모든 것을 상쾌하게 만들어 놓을 것이다.

'6월의 선물 소중히', '우리 스스로도 놀랐다', '우리 넘어 세계시민으로', '열린 공동체로 진정한 사회통합을', '지구촌 한국 재발견'. 월드컵을 마무리하면서 각 신문들이 기획특집으로 잡은 제목 속에 국민적 열기와 환희가 하늘을 찌르던 당시의 한국사회 모습이 생생하게 담겨 있다.

월드컵의 의미를 중언부언할 필요는 없지만 한 가지만 언급하자. 이번 월드컵은 한국 현대사의 질곡을 말끔히 씻어버렸다. 레드 콤플렉스, 엽전 콤플렉스, 보릿고개 콤플렉스, 민족 콤플렉스를 일거에 녹아내리게 한 것이다. 이제 한국사회는 오랫동안 안고 살았던 콤플렉스로부터 자유로운 행보를 하며 성숙사회로 진입할 수 있는 토대를 마련해 놓은 셈이다. 시민의 자발적 힘을 주축으로 한 풀뿌리 수준에서 말이다. 교훈은 매우 간명하다. 포스트 월드컵 시대, 관 주도의 한탕주의로는 미래 없다.

〈서울신문〉 2002년 8월 9일
'관주도 한탕주의 미래는 없다'

신뢰를 되살리는 것이 해법

한국인의 88%가 국회를, 79%가 정부를, 72%가 대기업을 신뢰하지 않는 것으로 나타났다. 법을 집행하는 사법기관에 대해서는 한국인의 59%, 노동자의 권익을 위해 존재하는 노동단체에 대해서는 55%가 불신하는 것으로 조사되었다. 교육기관과 종교단체는 반수를 겨우 넘는 52%와 54%만이 국민적 신뢰를 얻고 있는 것으로 집계되었다. 2001년 필자가 한국인의 삶의 질 연구에서 만 20세 이상 성인 남녀 1,000명을 대상으로 한 전국조사에서 나타난 결과다.

사회 리더들에 대한 불신의 정도가 높을 것이라고 예상하였지만 심각한 수치들이다. 한국사회에서 비효율과 고비용의 대명사로 여겨지는 정치권에 대한 국민의 강한 불신은 그렇다고 치더라도, 대기업에 대한 낮은 신뢰는 한국사회가 정상의 궤도에서 많이 벗어나 있음을 말해주는 대목이다.

나아가 사법기관과 노동단체에 대한 국민의 신뢰 역시 도저히 생각할 수 없는 결과이다. 사법기관이라는 것이 무엇인가. 옳고 그름을 가름해주는 곳이 아닌가. 노동단체가 무엇 하는 데인가. 노동자들의 삶과 권리를 위해 존재하는 것이 아닌가. 사회질서의 마지막 보루에 대한 국민의 신뢰가 이렇게 낮은 시스템 속에서 사회가 정상적으로 굴러갈 수 있을까 하는 우려를 하지 않을 수 없다.

한마디로 한국사회에서 믿을 만한 공공영역이라고는 한 곳도 없다는 얘기다. 이러다 보니 개인이 맺고 있는 사적 연줄망만 활성화된다. 공공영역에 대한 신뢰부재는 사적영역의 연줄망 고리를 더욱 탄탄하게 만든다. 믿고 기댈 만한 곳이라고는 내가 맺고 있는 사적 연줄 밖에 없다는 인식이 확산되고 있는 것이다. 혈연, 학연, 지연이 더욱 기승을 부리는 것도 이러한 이유에서다. 모든 것이 연결되어 있는 집단과 그러하지 못한 집단의 이분법적인 구획에 의해 움직이며, 개방이니 투명이나 유연이니 하는 현대사회의 덕목과는 점점 거리가 멀어진다.

프란시스 후쿠야마는 자신의 저서 《트러스트》에서 세계사회를 고신뢰사회와 저신뢰사회의 축으로 그리면서, 저신뢰사회의 선진국 진입은 대단히 어렵다고 강변하였다. 불행하게도 동아시아에서 한국은 중국과 함께 저신뢰사회로 분류되었다. 이러한 분류는 21세기 세계 경제지도를 바꾸어 놓을 것으로 평가되는 중국사회에 던지는 중요한 메시지임이 분명하다. 중국에만 해당되는 얘기가 결코 아니다. 저신뢰의 사회구조에서 성숙된 합리적 발전을 기대하는 것은 원천적으로 불가능함을 뜻한다.

오늘날 강대국이라 칭해지기 위해서는 인구, 경제력, 군사력 등과 같은 하드파워(*hard power*) 못지않게 문화력, 투명성, 국제사회 참여 등과 같은 소프트파워(*soft power*)를 갖추어야 한다. 오늘날 선진과 후진을 가름하는 잣대로 신뢰를 꼽는 까닭도 여기에 있다. 근자에 들어 국제기구에서 발표하는 세계 각국의 부패지수, 투명성 지수, 신뢰지수가 부쩍 자주 신문지상에 공표되는 것도 이와 무관하지 않다.

돌이켜보면 지난 반세기 한국사회의 발전 과정은 세계사적 기록을 차지하기에 충분하다. 한때 한국사회는 사회발전이란 이렇게 하는 것이라는 교본으로 간주되기도 하였다. 무엇보다도 한 세대 만에 일인당 국민소득이 일백 달러에서 일만 달러에 이르는 경이로움을 수립한 나라이다. 실제로 1960년대 초·중반 한국민의 일인당 국민소득은 최극빈 수준이었다. 그러던 것이 1990년대 중반을 넘어서면서 일만 달러를 달성하였다. 30여 년 만에 국민소득 100배의 성장은 세계사에서 찾아보기 어려운 대단한 기록이다. 향후 그 어느 나라도 이러한 대기록을 세우기는 어려울 것으로 보인다. 서구 선진국의 경우 이를 달성하는 데 백 년, 이백 년이 소요되었음을 감안할 때 대단한 기록이라 하지 않을 수 없다. 여기에 세계인의 문화축제인 88 올림픽을 성공적으로 치르는 역량 있는 문화국으로 자리한 바 있다. 사회발전의 한 모델로서 부족함이 없었다. 한국적 감동을 세계사에 각인시켜 놓은 것이다.

이랬던 한국사회가 외환위기와 IMF 관리체제를 거치면서 빠른 속도로 흔들리는 양상을 보인다. 사회의 운영질서와 통합구조가 맥없이 붕괴되는 양상을 보이고 있는 것이다. 규범은 흔들리고 갈등의 골은 깊어만 간다. 여차하면 떠나겠다는 생각이 넓게 깔려있다. 사회로부터의 배반감이 한국인으로서의 정체성을 포기하게 만들어 놓은 것이다. 이제 자포자기의 심정들을 추슬러 한국적 감동이 다시금 꿈틀하게 만들어야 한다.

해법은 신뢰의 복원이다. 무엇보다도 정치세력, 경제세력, 문화세력이 공공성의 규범과 도덕적 의무감을 가져야 한다. 오늘날 날개도 없이 추락하는 한국사회를 추스르는 해법이다.

〈민주평통〉, 2002년
'신뢰를 되살리는 것이 해법이다'

재해공화국 오명 벗으려면

가을을 재촉이나 하듯이 주말을 끼고 한 이틀 비가 내렸다. 얼마 전 온 나라가 진저리를 쳤던 비 피해가 떠올라 빗방울이 조금만 굵어져도 불안했다. 추수를 앞둔 시기이라 더욱 걱정스러웠지만 다행히도 가볍게 뿌려 별 문제는 없었다. 내린 비의 양이 얼마 되지 않아 안도하였지만 여전히 재해로부터의 안전망이 없음을 절감하게 된다.

그동안 한국사회는 압축적 근대화의 과정 속에서 성장의 과실을 다급하게 얻으려는 조바심이 앞서 기본에 충실하기를 소홀히 한 것이 사실이다. 재해공화국이라는 오명을 벗어나지 못하는 것도 이러한 이유에서이다. 대충 · 적당주의는 정부정책과 일상생활에 깊숙이 뿌리내려 좀처럼 치유하기 어려운 도덕적 해이의 주범이 되고 있다.

지난번 기록적 수재피해를 당하고도 그 대책은 여전히 국면회피적이고 국민정서에 호소하는 것이 전부였다. 정부가 내놓은 정책은 특별재해지역을 선포하고, 피해가구당 몇 백만 원의 보조금을 주고, 망가진 도로와 다리를 복구하는 일이 전부였다. 당장 급한 불을 끄는 대책들이라 이것을 나무랄 까닭은 없다.

그러나 재해가 날 때마다 재발방지를 위한 약속이 남발되지만 시간이 지나면 또 다시 비슷한 재해가 반복되는 악순환이 거듭되고 있다. 그 어디에도 재발방지에 대한 근본적 대책에 관한 정책적 움직임은 쉽게 찾아지지 않는다. 엄청난 인명과 천문학적 재산재해를 당하고도 제대로 된 정책공청회나 세미나가 있었다는 얘기를 들어보지 못했다. 월드컵 이후 한국사회의 나아가야 할 방향에 대해 아무런 준비도 없이, 여기저기서 너나 할 것 없이 호들갑을 떨며 개최하던 세미나를 생각해 보면 매우 대조적인 일이 아닐 수 없다. 재해가 날 때마다 혹독한 대가를 치르지만 안전사회를 향한 청사진은 찾아보기 매우 어렵다.

그동안 우리는 재해가 터지면 과학적이고 체계적이며 문제해결적인 접근보다 국면회피를 위해 애국심을 볼모로 국민정서에 호소했다. 국민의 동참정도를 재해대책의 성패 기준으로 삼으면서 말이다. 언제까지 이런 방식이 통용될지 의문스럽다. 물론 수재의연금이 아무런 의미가 없다는 얘기를 하는 것이 결코 아니다. 문제는 국민의 성금이 문제해결의 관건인양 위기의 본질을 흐리게 한다는 데 있다. 프로골프 선수들의 이름을 거명하며 누구는 얼마 냈고, 누구는 얼마 냈고 하는 기사화는 수재의연금의 액수가 마치 애국심의 표시인 듯이 몰아가는 천박스러운 일이라 하지 않을 수 없다.

국민정서에만 의존하는 대책으로는 재해공화국의 오명을 벗기는 어려우며 반복되는 재해 악순환의 고리를 끊기는 더더욱 어렵다. 정부의 임시방편적 재해정책이나 수재의연금에 의한 국민정서적 접근 모두 일회성, 이벤트성, 전시행정의 한계를 벗어나지 못하며, 언제 닥쳐올지 모를 재해로부터 자유로울 수 없다.

언제까지 자연을 원망하며, 몇 십 년에 한 번 온 폭우라니 태풍이니 하며 뒷짐 짚는 얘기만 계속할 것인가 말이다. 몇 십 년 만의 한 번이라는 무책임한 확률이 피해 당사자에게는 모든 것을 빼앗는 일이다.

재해로부터의 안전이 삶의 질의 중요항목임을 명심하여야 한다. 이제부터라도 졸속적 근대화의 사고방식과 관행에서 빨리 벗어나야 한다. 아시안 게임이 한창이다. 경기장마다 대한민국의 함성이 우렁차다. '새로운 비전, 새로운 아시아'가 월드컵의 자부심과 어우러져 한국이 세계의 중심이 아닌가 하는 행복한 고민을 하게 만들기도 한다. 기분 좋은 일이 아닐 수 없다. 그러나 세계적 축제를 주최하면서 안전사회를 향한 우리의 준비는 어느 정도인지를 묻지 않을 수 없다.

선진사회와 후진사회의 차이가 무엇인가. 언제 올지 모를 어려운 때를 위해 무언가 조금씩 준비하고 모아두는 사회와 그러하지 않는 사회와의 차이가 아니겠는가. 추수가 한창인 풍요의 계절이다. 혹독했던 지난 계절을 기억하며 안전사회를 위한 시스템 차원에서의 디자인이 절실히 요구된다.

〈서울신문〉 2002년 10월 8일
'재해공화국 오명 벗으려면'

맞짱 뜨는 사회의 비상구를 위하여

한국사회가 심히 요동하고 있다. 문민정부, 국민의 정부, 참여정부를 일궈낸 나라치고는 뭔가 불안하다. 분열과 균열의 정치가 판을 치면서 혼돈의 끝이 보이지 않는다. 사회질서를 유지하기 위한 최소한의 신뢰마저도 바닥이며, 집단갈등의 힘겨루기는 좀처럼 수그러들 기미를 보이지 않는다. 10년, 20년 전보다 지금이 더 계급사회화 되었음을 부인하기 어렵다. 실질적 민주주의가 정착되기도 전에 민주화의 과잉이라는 덫과 함정에 빠졌다는 얘기가 공공연하게 나오고 있다.

분열과 균열의 정치 화법은 거칠기만 하다. 특히 정치권의 언어는 거의 폭력에 가깝다. 법과 제도의 존재 구속성을 누구보다 잘 아는 사람이 거두절미하고 모든 것을 책임지고 감옥으로 가겠다는 얘기나, 그 말이 떨어지기 무섭게 당신들 받은 것의 10분의 1만 받아도 대통령 그만두겠다는 얘기 모두 무책임하고 무질서하기 그지없다. 모든 것이 시쳇말로 맞짱 뜨는 양상으로 진행된다. 이러다 보니 누구를 막론하고 공공성과 책임성이 동반되지 않은 나의 목소리, 나의 권리만이 난무한다.

1년 전에 치른 대통령선거를 다시 보는 듯한 작금의 뉴스거리를 보면서 한국인들은 대선 자금의 비도덕성에 대한 울분을 넘어 우리에게는 가슴 뿌듯하게 남겨 놓을 과거가 이렇게도 없는가 하는 허탈에서 벗어나지 못한다. 여기에 오륙도, 사오정, 삼팔선으로 이어지는 경제상황은 한국인의 사회심리를 공황으로 몰아가고 있다. 나의 삶을 책임져 주지 못하는 것이면 그것이 민족이든, 전통이든, 조직이든 연연해하지 않고 훌훌 털겠다는 탈사회적 해체가 빠르게 진행되고 있는 것이다.

한 예로 최근 원점으로 돌아간 핵폐기물 처리를 둘러싼 부안사태는 우리의 문제해결방식이 얼마나 민주주의 관리시스템과 거리가 먼지를 극명하게 보여준다. 주민의 의사와 무관한 일방적 결정, 지원금의 명목으로 금력을 동원한 회유, 주민 반발, 공권력 동원, 그리고 정부의 '안 되면 말고' 식의 최종 결정으로 이어지는 과정은 분쟁과 갈등을 둘러싼 관리의 후진성을 그대로 보여주고 있는 것이다. 더욱 심각한 문제는 이런 양상이 이번만이 아니라는 점이다. 안면도, 굴업도에서 보여준 일련의 모습이 그대로 재연되는 것을 보며 놀라지 않을 수 없다.

오늘의 한국사회를 생활세계의 식민화라고 명명한들 누가 부인할 수 있겠는가. 이 난제를 어떻게 풀어갈 것인가, 무엇을 해야 할 것인가의 사회적 과제를 놓고 갈등조정의 시스템에 대한 새로운 디자인을 주문하지 않을 수 없다. 우리의 관리시스템이 시대환경에 비해 대단히 원시적임을 주시하면서 말이다. 기실 우리의 갈등조정기제는 매우 낙후되어 있다. 공권력이 갈등현장의 최종 해결사로 항상 붙어 다니고 있음이 이를 입증하는 좋은 예다.

민주주의의 매력은 타협과 조정에 있다. 후대의 역사가와 경세가들이 그리스 아테네 민주정치의 교훈을 높이 사는 것도 이러한 이유에서다. 태생이 다른 귀족정치와 시민정치를 융합시킨 아테네의 민주정치는 타협과 조정의 예술이 만들어낸 걸작품으로 평가된다. 강자의 양보가 보이지 않는 손으로 조율의 최종 마무리를 담당하면서 말이다.

갈등은 사회의 기본 구성요건이다. 갈등이 있기에 사회는 변화하고 발전한다. 문제는 갈등을 풀어내고 조정하는 사회적 기제이다. 도덕적 해이와 사회적 분쟁을 사전에 예방하고 사후에 관리하는 시스템을 가지고 있느냐의 여부가 이 시대의 선진과 후진을 가름하는 잣대임을 중요하게 보아야 할 것이다. 정부의 강제적 개입을 최소화하고, 이해당사자들의 자발적 선택을 보장하면서 분쟁사례의 특수성에 유연하게 대처하는 조정제도가 시급히 요청된다.

개혁은 언제나 어느 시대에서나 주장되고 시행되지만 동시에 언제나 실패할 위태로운 운명을 지닌다. 개혁은 효율적 성과를 가져다주기보다는 정당성을 제공하는 것임을 숙지할 필요가 있다. 개혁의 당위와 민주주의의 연습을 빙자한 방종에서 빨리 벗어나야 하는 까닭이 여기에 있다.

〈업코리아〉 2003년 12월 22일
'맞짱 뜨는 사회에 비상구는 없는가'

과잉정보화를 경계한다

얼마 전 정치권에서 도청자료가 잇달아 폭로되면서 누군가 나를 엿듣고 감시하고 있을지 모른다는 우려가 사회적으로 확산되고 있다. 국가정보원이 휴대전화 도청 장비기술을 보유하고 있느니 없느니 하는 도청 정보기술의 공학적 문제로 흐지부지됐지만 사회적 파급은 적지 않다. 근자에 들어 도청검색 업체의 출장검색 건수가 40~50% 증가했음이 이를 말해 준다.

감시의 문제는 비단 국가기관에 국한된 것만은 아닌 듯하다. 2000년 미국경영자협회에서 조사한 미국 기업의 종업원 감시에 관한 통계에 의하면, 종업원의 인터넷 접속을 모니터하는 기업이 54.1%, 전자우편을 조사하는 기업이 38.1%나 되는 것으로 보고되었다. 정보통신기술을 이용한 기업의 종업원 감시가 매우 광범하게 이뤄지고 있음을 보여주는 대목이다. 우리나라의 경우 이에 관한 공식적 자료가 없어 단언하기는 어렵지만, 한국의 정보윤리나 프라이버시 개념에 비추어 볼 때 미국 기업의 감시 수준보다 결코 덜하지는 않을 것으로 보인다.

정부는 2002년 11월부터 전자정부 대국민 서비스를 실시한다고 발표했다.

무려 393종의 민원업무를 온라인으로 간편하게 해결할 수 있다고 한다. 정부는 행정의 효율화를 기할 수 있으며 동시에 국가경제적으로 연간 1조 8천억 원의 기회비용이 절감된다는 계산을 내놓고 있다. 이번 서비스는 정부가 지방자치단체의 업무를 인터넷으로 완전 통합한 서비스로 세계 최초라고 한다. 한마디로 행정적 · 경제적 효과가 엄청나다는 얘기다. 그러나 개인정보 보호와 보안문제만큼은 국민들에게 확고한 신뢰를 주지 못하고 있는 실정이다.

감시로부터의 자유와 개인정보의 보호와 같은 정보인권은 여전히 사각지대로 남겨져 있다. 정보인권의 문제가 비단 어제오늘의 얘기는 아니지만, 사회 전체가 정보화되고 일상생활의 모든 영역이 정보화로 과도하게 엮이면서 그 심각성을 우려하지 않을 수 없는 상황이 됐다.

오늘의 한국은 어떤 기준으로 보더라도 정보선진국임에 틀림이 없다. 2002년 국가정보화백서에 따르면, 인터넷 이용률이 세계 3위인 것을 비롯해 전체 정보화지수에서 세계 16위를 차지하고 있다. 그런가 하면 최근 미국 브라운대학이 전 세계 198개국을 대상으로 실시한 전자정부 평가에서 한국은 2위에 올랐다. 산업화는 늦었지만 정보화는 앞서간다는 국가적 슬로건이 실현되고 있는 것이다.

이제는 과잉 정보화에 따른 인권문제에 깊은 관심을 가져야 할 때다. 같은 정보 감시기술을 가지고 있다고 하더라도 어떤 사회는 사용하고 어떤 사회는 사용하지 않으며, 사용하더라도 엄격한 절차를 요구하는 사회가 있고 그러지 않는 사회가 있다. 정보인권은 어떠한 경우에도 침해돼서는 안 된다는 규범적 사회질서가 확립돼야 한다. 이럴 때에만 정보기술의 활용에 대해 신뢰할 수 있으며 궁극적으로 바람직한 정보사회의 모습을 구가할 수 있다.

그동안 우리의 경우 새로운 정보기술의 개발과 활용에만 관심을 집중시킨 나머지 정보화의 문화와 의식에는 별다른 관심을 보이지 않았다. 어린 학생들에게 컴퓨터, 인터넷의 기술적 사용법만 과도하게 가르쳐 주었지 정작 정보기술의 사용에 필요한 규범이나 윤리를 안내해본 적이 없다. 정보기술의 사용법에 관한 수없이 많은 책자와는 대조적으로 정보사회와 정보기술이 요구하는 책임, 신뢰, 참여와 같은 사회적 가치의 필요성을 담은 책자는 찾아보기 매우 어렵다.

사실 지금까지 한국사회에서 정보인권은 별다른 관심 사항이 되지 못했다. 보다 선진적인 정보기술의 개발과 활용에 의한 경제가치의 창출과 행정 효율성의 모색이 주요 관심사였다. 제동장치 없이 굴러가는 기술경제 중심의 과잉 정보화 정책은 언젠가는 문화적 가치와의 불균형으로 인해 엄청난 대가를 치르지 않을 수 없다. 성숙한 정보사회는 정보인권을 견지하면서 기술경제적 추진력과 사회문화적 견인력이 균형을 이룰 때에 실현되는 것임을 명심해야 한다.

〈서울신문〉 2002년 11월 6일
'과잉정보화를 경계한다'

이민 권하는 사회를 넘어

2002년 한 해 동안 한국사회에서 656개의 신조어가 만들어진 것으로 조사되었다. 예년과는 비교할 수 없을 만큼 많은 신조어가 2002년 한 해에 등장한 것이다. 한국사회의 격변과 그 속에서 만들어지는 갈등과 욕망이 너무나도 많았음을 보여준다. 특히 2002년의 월드컵 환희와 열광의 다음이라 사회적 성취와 박탈의 이중성이 교차해서인지도 모른다. 그러나 한국을 떠나겠다는 탈(脫)한국의 사회현상은 이보다 훨씬 구조적인 까닭에서 비롯한다.

2002년 초부터 두 달에 하나꼴로 등장한 '사오정', '오륙도', '육이오', '삼팔선', 연말에 나온 20세 태반이 백수라는 '이태백'은 한국사회의 혼란을 극명하게 보여주는 상징들이다. 여기에 욕망만이 미친 듯이 소용돌이치면서 한국사회는 갈피를 잡지 못한다. 시쳇말로 '로또 공화국'에서 '대박'의 꿈만이 넘쳐난다. 혼란과 욕망의 엇박자가 이민 권하는 사회로 몰아가고 있다.

붕괴하는 공교육, 눈덩이처럼 커져만 가는 사교육비, 잡히지 않는 청년실업, 막가는 고비용의 정치판, 끝이 보이지 않는 경제불황, 신뢰를 주지 못하는 정부 정책 속에서 탈한국의 이민열풍이 강하게 몰아치는 것은 극히 당연한 일이다. 돈과 경쟁만이 선이자 가치이며, 배려와 양보는 악이자 패배의 변명으로만 여겨지는 상황으로 치닫는다. 어려운 시기를 지혜롭게 넘어갈 수 있는 타협과 조정은 먼 나라의 얘기로만 들리고, 강자의 양보는 물론이고 약자의 승복도 드물기는 마찬가지이다. 이 시대를 살아가는 한국인은 어디에서 희망으로의 비상구를 찾을 수 있는지 질문을 던지지 않을 수 없다.

2002년 한 해는 유난히 이민열풍으로 온 나라가 떠들썩하였다. 이민상품이 동나고, 이민박람회가 만원이고, 은행의 이민지원센터가 북적이고, 기회만 있다면 떠나겠다는 분위기가 확산되었다. 연령을 막론하고 세대를 뛰어넘어 계층과 무관하게 일어난 현상이었다. 이러한 이민열풍을 두고 언론매체는 '탈한국신드롬', '신이민시대'와 같은 특집을 기획하면서, 한국판 엑서더스를 대서특필하였다.

해외로의 열풍은 세대를 초월한 양상으로 나타났다. 특히 젊은 세대가 가지고 있는 탈한국의 동기는 거세기만 하다. 10대의 조기유학, 20대의 취업난, 30대의 자녀교육, 하나같이 미래에 대한 불안에서 비롯한다. 해외로의 이주는 단순히 개인에서만 그치지 않고 기업과 산업부분에서도 거세게 나타난다. 국내 제조업의 공동화는 기정사실화된 지 오래되었다.

여기에 산업구조의 고도화는 상황을 점점 더 어렵게 만든다. 경제가 성장해도 일자리가 늘지 않는 이른바 선진국형의 고용 없는 성장(*jobless growth*)이 한국사회의 모습으로 진단되기 때문이다. 다시 말해 앞으로 경제가 좋아지고 성장을 한다고 하더라도 새로운 일자리 만들기를 크게 기대할 수 없다는 얘기이다. 그러나 우리에게는 선진국과 달리 고용 없는 성장에 따른 사회문제를 완충시켜줄 제도적 장치가 절대적으로 부족하다.

그런가 하면 경쟁력을 갖추고 직장을 가지고 있는 사람도 불안과 좌절감을 안고 살아가는 것은 마찬가지이다. 예전과 달리 당장 1년, 2년 앞의 자신의 모습을 예단하기 어렵다. 지금 당장의 현실이 어려워도 몇 년 뒤의 나와 나의 가족이 어떤 모습을 갖게 될지에 대한 희망적 그림을 그릴 수 없기 때문이다. 경제적 궁핍에 시달리는 것도 아닌데 항상 불안과 좌절을 안고 살아가게 되는 것이 요즘 직장인의 가장 큰 고민이다. 이민을 생각하지 않을 수 없다. 이쯤 되면 이민 권하는 사회의 조건을 갖춘 셈이다.

그러나 이민열풍을 즉흥적 여론몰이로 부정적으로만 볼 필요는 없다. 30·40대 젊은 고학력의 전문직이 이민의 주역으로 등장하면서 인재 공동화를 우려하는 바를 이해 못하는 것은 아니다. 그러나 역사를 조금 긴 호흡으로 정리하면서 오늘의 한국사회 이민열풍을 보아야 할 것이다. 세계사회의 역동적 발전에는 항상 이민과 이주가 밑거름으로 작용하였으며, 오늘날 사람의 이동은 세계화의 꽃으로 여겨진다. 돌이켜보면 인류의 역사는 세계를 향한 끊임없는 이주와 이동으로 점철되어 있다. 인간은 한자리에 머문 적이 없으며 끊임없이 옮겨 다녔다. 오늘날 이동의 미학이 칭송되는 것도 이러한 인류 역사 발전과 무관하지 않다. 현대인의 모습이 신유목민으로 비유되는가 하면, 이동이 경쟁력이며 가치창출의 기제로 여겨진다.

이민열풍을 한국사회의 수동적이고 도피적인 세태로 진단하기보다는 세계화 시대의 유동적 흐름으로 볼 필요가 있음을 의미한다. 그러나 이민 권하는 사회로 비춰진 오늘의 한국사회가 추슬러야 할 당면과제를 외면하지는 말아야 할 것이다.

〈고대투데이〉 26호, 2003년
'이민 권하는 사회'

새로운 일자리 문화를

일자리 문제가 최대현안으로 떠오르고 있다. 경제협력개발기구(OECD) 평균 실업률 6.4%, 청년실업률 12.4%가 말해주듯이 21세기 지구촌의 미래가 일자리 문제로 인해 결코 밝지 않다. 일자리 만들기로부터 일자리 나누기(*job sharing*)에 이르기까지 다양한 방안이 강구되지만 좀처럼 문제가 풀릴 기미를 보이지 않는다.

오늘날 세계 각국이 고민하는 일자리 문제는 세계화와 정보화를 양대 축으로 하는 현대사회의 구조와 흐름에 비추어 볼 때 예정된 수순이다. 노동의 종말을 상징하는 디지털 사회, 정보사회의 도래로 일자리는 구조적 덫에 걸려든 셈이다. 컴퓨터와 인터넷 관련 전문직종이 창출되었다고는 하지만 정보화를 매개로 하는 자동화로 인해 일자리의 전체 규모는 크게 감소하였다.

신자유주의적 세계화의 구조 조정은 노동의 유연화에 기초한 일자리 재조정에서 나타나는 실업의 문제를 이 시대 사회운영의 불가피한 현상으로 몰아가고 있다. 더욱 우려스러운 것은 노동 능력의 단기적 발휘만을 중시하면서 미래를 착취하는 양상으로 전개되고 있다는 점이다.

세계적으로 최고 50%의 노동력이 과잉상태에 있다는 연구분석이 나오고 있다. 실업과 비정규직의 대량양산이 전조되어 있음을 의미한다. 취업군에 속한다고 하더라도 소수의 진취적 전문직과 대다수의 일반직종의 격차가 갈수록 벌어지고 있음이 내포되어 있다.

오늘날 일자리 구조는 취업과 실업, 정규직과 비정규직, 전문직과 비전문직이라는 세 겹의 양극화 현상으로 특징지어진다. 실업의 일상화를 오랜 기간 경험하면서 실업이 하나의 문화로 재생산되는 것을 우려하지 않을 수 없다. 특히 청년실업은 사회진출의 출발시점에서 정상적 생활궤도에 진입하지 못한다는 점에서 결코 가볍게 보아서는 안 될 현상이다.

일생을 주변인으로 살아갈 가능성이 크다는 점에서 어떤 형태의 실업보다 심각한 것이다. 일상화된 장기실업은 다양한 형태의 일탈로 이어지게 마련이다. 세상에 대한 무관심, 나홀로 은둔, 대책 없는 신용불량, 아노미적 자살, 불특정 다수를 향한 과격한 일탈적 도발은 사회통합의 측면에서 결코 작지 않은 영향을 미친다.

근래에 들어 한국사회에서 청년들의 희망 찾기가 사회이슈로 등장하였다. 무엇보다 일자리 문제가 한국 청년들은 어디에서 희망을 찾아야 하는가의 배경으로 작용하고 있다. 청년실업 문제가 지표상으로는 다른 선진국에 비해 크게 심각한 수준은 아니지만, 적극적 구직활동을 포기하는 체감 실업이 매우 높다는 점은 가볍게 넘겨서는 안 될 일이다.

경력직 위주의 채용구조 변화는 청년실업의 문제를 더욱 어둡게 한다. 1996년 34.8%이던 경력자 채용이 2002년에는 81.8%로 급등하면서 청년취업을 더욱 어렵게 만들고 있다.

흔히 경제가 좋아지면 실업의 문제는 해결될 것이라는 안일한 생각을 하기 쉽다. 그러나 장기실업이 일상화되고, 실업의 재생산 구조가 만들어진 사회에서 경기호황은 실업문제의 해결책이 결코 되지 못한다. 쉽게 말해 국민소득 2만 달러 시대가 되어도 실업문제는 해결될 수 없다는 부정적 전망을 하지 않을 수 없는 까닭이 여기 있다.

외환위기 이후 최근까지 정부는 실업극복을 위한 정책들을 만들어내고 실시하였다. 그러나 정책의 속성상 대부분 단타위주의 단기효과를 목표로 실행되었다고 하여도 크게 지나친 평가가 아니다. 실업이 장기화의 국면으로 들어가면서 기존의 정책구조로는 커다란 성과를 기대하기가 어렵다는 점을 인식할 필요가 있다. 이미 한국은 선진사회형의 실업양상을 보이기 시작하였다.

이 시점에서 필요한 것은 새로운 노동과 고용의 문화를 만들어내는 일이다. 건전하고 유연한 직업관을 가질 수 있는 문화로 다듬어진 경제와 노동 교육에 깊은 관심을 가져야 할 때다. 이것이 한국사회가 이미 들어서고 있는 구조적 실업에서 궁극적으로 벗어날 수 있는 실마리다.

〈국민일보〉 2003년 11월 3일
'새로운 일자리 문화를'

한국적 감동의 세계화를 위하여

오랜 세월 강대국을 옆에 두고 살면서 은둔의 미학을 칭송한 우리였기에 근자에 들려오는 우리 문화상품의 세계로의 진출은 그 어떤 것과도 비교되지 않는 반가운 얘기다. 중국에서 한국가요가 중국 대중문화의 한 흐름으로 자리를 잡았다고 한다. 젊은 대중음악 가수의 성공적 중국진출을 비롯하여 한국 문화상품의 인기가 점차 TV드라마와 영화로 다양해지면서 동아시아 화교권으로 확대되고 있다. 그 열기가 대단해 한류(韓流) 열풍으로 불린다. 〈공동경비구역 JSA〉가 일본에 약 200만 달러에 판매되었다는 소식은 한국영화의 대외경쟁력이 크게 향상되었음을 실감나게 한다.

2000년 한 해 동안 한국영화는 138개 영화제에서 374회 초청을 받았으며, 〈춘향뎐〉은 한국 영화사상 처음으로 칸영화제 경쟁부문 본선에 오르기도 했다. 두서너 해 전 〈쉬리〉가 일본 극장가를 강타하고, 〈난타〉가 영국 무대에서 극찬을 받은 기억을 더듬으면서 한국문화의 세계화 성공에는 분명 이유가 있음을 확신하게 된다.

무엇보다도 한국인의 심성이 세계인의 심성을 진하게 감동시킨 것이다.

한국문화가 선택한 소재와 감성이 현지인이 선호하는 텍스트는 물론이고 해독코드와 정확히 맞물린 것이다. 한국적인 것이 세계적인 것이 될 수 있음을 확인할 수 있는 대목이다.

물론 근자의 한류열풍을 과대평가해서는 안 된다. 열풍의 내막을 자세히 들여다보면 그동안 자신들의 욕구를 분출시킬 만한 돌파구가 없었던 중국의 청소년들에게 한국 젊은 가수들의 세련된 외모와 멋진 춤, 그리고 신나고 속도감 있는 댄스음악이 그들을 매혹시킨 것으로 보인다. 다시 말해 한국인의 심성에 대한 감동이라고 보기 어려운 점이 있다. 이는 한류열풍을 지속시킬 수 있는 재생산 구조가 취약함을 의미하기도 한다.

우리의 고유성을 새로운 감동의 문법과 새로운 상품화의 기법으로 담아내느냐가 관건이다. 이제 싼 맛으로 10대 위주의 얄팍한 호기심리에 의존해서는 세계적 반열에 오르기 어렵다. 한국적 심성과 정서, 그리고 문법이 담긴 문화를 갖고 세계로 나아가야 할 때이다.

국제사회에서 한국문화를 하나의 조류로 만드는 데는 무엇보다 한국적 감동이 녹아 있는 소재의 개발이 매우 중요하다. 이를테면 남녀의 보편적 사랑이 분단의 현실 속에서 응축되는 모습이나, 분단의 현실 속에서도 보편적 인간애가 섞일 수 있는, 그러나 분단의 장벽을 넘기에는 한계가 있는 모습은 세계인의 이목을 모으기에 충분하다. 실제로 해외시장에서 호평을 받는 작품은 한결같이 우리만의 독특한 경험이나 정서를 담고 있음을 명심할 필요가 있다.

아울러 문화산업의 창조자들은 현대사회의 흐름도를 정확히 숙지해야 할 것이다. 연결이 고립을 잡아먹는다. 빠름이 느림을 잡아먹는다. 다양성이 획일성을 잡아먹는다. 퓨전에는 또 다른 생명력이 있다. 현대인의 삶 깊은 곳에는 현대판 유목민의 정서가 깔려 있다. 장르는 다양할수록 활력을 지닌다. 이 시대의 사회조류와 함께 할 때 한국문화의 세계화는 가능성의 영역으로 들어갈 수 있다.

오늘날 문화는 자본과 마케팅의 논리로부터 결코 자유로울 수 없음도 중요한 대목이다. 한국의 문화상품을 수용하고, 소비하게 만드는 재생산구조를 갖추기 위해서는 지금과 같이 최종작품만 가지고 외국시장에 들어가는 방식에서 벗어나야 한다. 한 걸음 나아가 소비의 문지기(*gatekeeper*)를 담당해야 한다.

한국문화의 세계화는 이제 그 출발선에 서 있다. 출발선에서 다시 한 번 '가장 한국적인 것이 가장 세계적인 것이다'의 의미를 생각해 보아야 한다. 이것을 마치 한국이 세계의 중심국가, 한국문화가 세계의 중심문화여야 하는 것으로 독해해서는 안 된다. 세계화에는 차별과 배제의 부정적 측면이 있지만 부인할 수 없는 정당한 측면도 있다. 그 정당성은 세계화가 동일성, 획일성을 추구하거나 결과적으로 유도하는 것이어서는 안 되며 다양성을 보존하고 장려할 때 보장되는 것이다. 다름을 존중하고 같음을 모색하는 것이야말로 문화 세계화로의 물꼬를 터줄 것이다.

〈문화일보〉 2001년 06월 12일
'수출 성공하는 한국적 감동'

연결의 문화를 담고, 또 하나의 작은 세상을 즐기려면

'한국은 휴대폰, 일본은 카메라', 2002년 한일월드컵 경기의 대조적인 모습을 담은 외신보도의 문구이다. 두 나라의 축구경기가 있었던 날 스타디움을 가득 메운 한국과 일본 관중의 손에는 매우 다른 물건이 들려있었다. 휴대폰과 카메라였다. 골이 터지자 일본의 경기장에는 카메라 플래시가 마치 불꽃축제를 벌이는 듯 번득거렸다. 그러나 한국 경기장은 이와는 사뭇 다른 모습이었다. 골이 들어가자 관중은 카메라 대신 휴대폰을 꺼내 들고, 가족과 친구들에게 골인의 소식과 함께 관중의 뜨거운 함성소리를 실어 직접 듣게 한 것이다. 거의 모든 관중들이 휴대폰에 대고 고함을 지르는 진풍경에 외신들은 놀랐다고 보도했다. 한국인의 일상에 휴대폰이 차지하는 의미를 엿볼 수 있는 대목이다. 유난히 기록을 남기기 좋아하는 일본인 특유의 문화와 대조적으로 한국인은 다른 사람과의 정보공유와 연결을 매우 중시하는 문화를 보여준 것이다.

휴대폰은 시간과 공간에 구애받지 않으며 자유로운 이동과 무한한 접속을 가능하게 하는 이 시대 사회변화의 동력이다. 현대인의 일상이 장소의 귀속으로부터 벗어난 유목민의 모습으로 비유되는 것도 휴대폰이 없다면 불가능한 얘기이다. 이런 휴대폰을 사용함에 있어 한국인은 매우 적극적이며 진취적이다. 2002년 들어 한국에서 휴대폰 가입자가 3천만 명을 넘어섰다. 전체 인구 4천6백만 명, 여기에서 유아를 제외한 휴대폰 사용 가능 연령만을 놓고 보면 그 비율은 10명 중 8~9명이라는 놀라운 수치이다. 휴대폰의 이용에서 한국은 정보통신의 왕국이라 하여도 손색없다. 2002년 6월 4일 한국이 월드컵 첫 승의 쾌거를 올린 폴란드전이 있었던 시간, 경기장과 주변 야외응원이 펼쳐진 지역에서 휴대폰의 통화량이 평소보다 8배 이상 폭증하여 당일 사용량으로는 역대 최고 기록을 세웠다.

한 조사에 의하면 휴대폰이 연령을 막론하고 한국 성인들이 가장 받고 싶은 선물로 나타났으며, 초등학생들이 어린이날 받고 싶은 선물로 휴대폰이 강아지에 이어 2위로 집계되었다. 이렇듯 한국인의 일상생활에서 휴대폰은 적지 않은 의미와 중요성을 지니고 있다. 그러나 휴대폰은 세대에 따라 각기 다른 용도와 의미를 지닌다. 이를테면 40대의 경우 휴대폰의 용도는 '전화 걸고 받기', 30대는 '전화 걸고 받고 음성듣기', 20대는 '전화 걸고 받고 음성 듣고 문자 보내기', 10대 들에게 있어 휴대폰은 자기표현의 매체이며 자신들의 생활양식의 한 부분으로서 신체의 옵션과 같은 것으로 여겨지고 있다. 특히 젊은 세대들은 휴대폰을 통해 그들만의 또래문화를 만들어 낸다.

오늘날만큼 젊은 세대의 행동과 취향이 사회의 관심을 끈 적도 없었던 것으로 보인다. 무엇보다도 이들이 기성세대보다 정보화의 측면에서 비교우위의 자원을 가지고 있음에서 비롯한다. 실제로 동일한 디지털문화 속에서도 독창적 문화양식을 생산하고, 이를 바탕으로 기성세대와 구별 짓기를 완벽하게 시도한 이들 세대의 성공사례를 어렵지 않게 찾아볼 수 있다. 이런 점에서 우리는 앞으로 정보사회의 가능성과 잠재력은 이들에게 달려 있음을 인정하지 않을 수 없다. 사회변화의 흐름을 그 어떤 세대보다 정확히 읽어내고 있기 때문이다.

2000년 사회통계조사에 따르면 한국의 10대에 휴대폰 보급률은 79.4%인 것으로 보고되었다. 그 어떤 국제 기준으로 보더라도 매우 높은 보급률이다. 자신의 욕구에 따라 자신의 취향에 맞는 디자인을 선택하여 늘 자신의 몸 가까이 두는 휴대폰은 10대들에게는 마치 자신의 분신으로 간주되곤 한다.

이제 휴대폰은 단순히 통화의 기능을 넘어 그 작은 속에 모든 것이 들어가는 또 하나의 작은 세상으로 바뀌고 있다. 몇 해 전까지만 해도 '걸면 걸린다'는 슬로건이 휴대폰 광고의 주요 메시지였다면, 지금은 휴대폰 속에 모든 것이 들어가는 '또 하나의 작은 세상'으로 바뀌고 있음이 주요 내용이다. 휴대폰 버튼 하나로 웬만한 것을 다 해결할 수 있을 정도로 휴대폰이 삶의 구석구석을 파고들고 있는 것이다. 요즘에는 신용카드 기능까지 휴대폰 속으로 들어오고 있다. 휴대폰이 통신을 넘어 금융의 영역까지 영토를 확대한 셈이다. 대학 캠퍼스에서는 휴대폰으로 수강신청을 하며, 성적조회를 하며, 취업정보를 획득하는 것이 더 이상 새로운 사실이 못된다. 내 손안의 작은 세상을 한국인들은 매우 적극적으로 만들어 가고 있는 것이다.

그러나 한국인의 휴대폰 사용이 자유와 개방, 홀가분하고 쾌적한 삶을 추구하는 유목민적인 긍정적 모습으로만 나타나는 것은 아니다. 오늘날 한국인의 휴대폰 문화는 유목민의 고유한 특성이었던 다른 사람을 환대하고, 언제나 주의를 게을리 하지 않고, 박애정신을 실천하는 것과는 거리가 멀어 보인다.

얼마 전만 해도 우리가 일상적으로 볼 수 있었던 휴대폰 광고의 개념은 시간과 공간의 제약을 받지 않는 자유와 이동을 핵심으로 깔끔한 영상처리와 함께 새로운 문명으로 진화한다는 격조 있는 것이었다. 그러나 최근 보이는 휴대폰 광고는 다양한 기능과 디자인을 부각시키며 소비의 욕망만을 부추기는 것으로 일관하고 있다. 한국사회의 과시적 소비의 한 단면이다.

한국은 이용률이나 보급률에 있어 휴대폰 강대국임이 분명하지만 이용 문화의 측면에서는 그리 후한 점수를 주기 어렵다. 때와 장소를 가리지 않는 휴대폰의 사용 남발은 거의 대부분의 신문들이 '휴대폰 문화 달라져야 한다'의 기획물을 만들 정도로 심각한 수준이다. 휴대폰 시대의 덕목인 폰티켓(*phone-tiquette*)을 강조하지 않을 수 없다. 세계 여러 나라에서 휴대폰 사용에 대한 규제법을 제정하였거나 준비하고 있다. 법적인 규제가 올바른 휴대폰 문화를 만드는 데 일정 정도의 성과를 거둘 수는 있을 것이다. 그러나 진정한 의미의 정착은 법적, 제도적 규제보다는 성숙한 시민의식 속에서 가능하다.

정보화를 향한 한국인의 진취적 행로에는 다른 사람을 배려할 줄 아는 21세기형의 신유목민적 심성이 함께 어우러져야 한다. 이는 연결의 문화를 담고서도 또 하나의 세상을 즐길 수 있는 필요조건이다.

〈Koreana〉 vol 16, no 2, 2002

'A World at your Fingertips: Korea's Mobile phone Culture'의 번역

문화 순수주의 버려야

'쉬리, 일본 극장가 강타', '난타, 영국무대 돌풍', '난타, 올 가을 미국 두드린다', '한국가요, 중국권역에서 인기절정'. 1999년, 2000년 한국 신문의 문화면에 실린 신명나는 제목들이다. 우리 문화역량을 보여주는 낭보이다. 현지 관람객과의 인터뷰는 한결같이 한국의 문화수준이 이렇게 높은 줄 몰랐다는 반응이다. 한국인의 심성이 세계인의 심성을 진하게 감동시킨 것이다. 한국의 대중문화가 세계적 수준으로 성장했으며 이제 빛을 발하는 것으로 보이기도 한다.

IMF 관리체제에서 어려웠던 시절을 되돌아보게 하는 신파조의 악극이 유난히 인기를 끌던 분위기와는 사뭇 다른, 한국인의 기를 살리는 문화잔치다. 이제 세계와 함께하는 한국문화가 계속 나와 호평 받길 바란다. 그러나 세계인에게 공감을 불러일으킬 문화역량은 영화 몇 편, 노래 몇 곡으로 갖추어지는 것이 결코 아니다.

문화자원이란 경제성이 고려되지 않은 문화감수성의 교육에서부터 오랜 기간의 관심과 열정으로 형성되기 때문이다. 이제 막 걸음마를 내디딘, 문화

선진국을 향한 행보에 어떤 탄력이 필요한가를 짚어보아야 할 것이다.

대체로 현대 한국인은 아직도 동질적인 우리 고유문화의 테두리를 벗어나는 것을 주저하며, 다른 문화와의 융합에 인색한 것이 사실이다. 자신의 정체성을 문화의 동질성에 의존하면서 이것으로부터 윤리적 우월성도 찾고 있다. 이질 문화의 영향으로부터 우리 문화의 순수성을 보호하여야 한다는 강박관념을 가지고 살아온 것이다.

이제는 이러한 강박관념을 벗어던져야 한다. 문화는 타문화와의 접촉과 경쟁을 통해 더 풍요로워지게 마련이다. 외부의 영향을 차단하고 가두어 두었을 때 동질성은 도태되게 마련이고, 순수성은 생명력을 잃어갈 수밖에 없다. 우리 역사가 말해주듯이 문화 체질의 강화와 창조성은 다른 문화와의 맞부딪침에서 이루어진다.

오늘날 높이 평가되는 세계문명의 대부분은 그 발생지여서가 아니라 다른 문화권과의 융합을 통해 한 차원 높게 완성되었기 때문에 인정받는다. 자본주의가 그렇고, 기독교, 불교, 유교가 그러하다. 하나같이 순수성을 과도하게 강변하는 원산지의 테두리를 벗어난 곳에서의 결실들인 것이다.

〈쉬리〉와 〈난타〉에 대한 세계적 찬사는 새로운 형식의 과감한 도입에서 연유되기도 하지만, 더 중요하게는 인류의 보편적 심성과 한국적인 것에의 호소가 결합한 데 있다. 남녀간의 보편적 사랑을 분단의 고민을 압축해서 전달한 것이나, 서양의 록과 재즈의 음악이 심신을 뒤흔드는 한국전통의 사물놀이 가락으로 표현되면서 생명력이 배가된 것이다.

과도한 문화순수주의 · 문화동질주의의 부담을 떨쳐버리는 동시에, 다른 문화의 존재를 인정하고 그 문화의 가치를 수용하는 열린 자세가 요구된다. 사실 해방 후 한국문화의 외국문화 수용은 범세계적인 것이 못되었다. 자유롭게 외래문화를 선별수용할 만한 여유와 능력이 없었다. 나아가 우리는 타문화에 대해 매우 이중적인 태도를 보이고 있다. 후진국의 문화에 대해서는 경멸을, 선진국의 문화에 대해서는 거부감은 있지만 그 앞에서 기를 펴지 못하는 이중성 같은 것 말이다. 실제로 후진국 문화에 대한 경멸적 표현은 일상 대화에서 어렵지 않게 찾아볼 수 있다.

이미 우리는 국가의 경계가 무의미해지는 세계화의 시대와 공간적 거리가 무의미해지는 정보화의 시대에 깊숙이 편입되어 있다. 누가 어디에 있는가 하는 절대적 위치(*absolute location*)는 무의미하거나 별반 중요하지 않으며, 대신 다른 곳과 연결되어 있는가 하는 상대적 위치(*relative location*)가 중요한 시대이다. 인터넷의 사회, 위성방송의 사회가 이를 말해준다. 배타적이고 폐쇄적인 민족주의의 단순논리가 득세하는 한 제 2의 〈쉬리〉, 제 3의 〈난타〉는 기대하기 어렵다.

지금이야말로 '가장 한국적인 것이 가장 세계적인 것이다'라는 세계화 슬로건의 의미를 다시 한 번 생각해볼 때이다. 상대적 공간을 인정하면서 절대적 벽을 허물며.

〈문화일보〉 2000년 2월 7일
'문화순수주의 버려야'

모두 지는 싸움, 이제는 종지부를

모두 지는 싸움을 하고 있다. 폭력으로 얼룩진 시위는 모두에게 패배 그 자체다. 시위대, 정부, 민관공동위원회, 국민 모두가 지는 싸움을 하고 있는 것이다.

시위대는 명분과 실리 모두를 잃었다. 시위가 폭력의 유혹을 떨쳐 버리지 못하면서, 이들의 생각에 동조한 사람들조차 폭력적 시위를 보면서 등을 돌렸으니 말이다. 정부는 무능의 극에 달했다. 갈등을 조율할 능력도 없고, 그럴 의사도 없어 보인다. 법대로 처리하겠다는 정부 발표는 무기력한 대외용 엄포로만 여겨지니 말이다.

새로운 조정기제로 기획된 민관공동위원회는 있으나 마나 한 기구로 전락하였다. 이곳에서 제안된 권고사항은 누구 하나 귀담아 듣지 않으니 말이다. 가뜩이나 힘든 현실에서 폭력시위를 보는 국민의 마음은 착잡하기만 하다. 어디 한 곳 마음 붙일 곳이 없으니 말이다. 피로감을 넘어 아주 지치게 만든다.

시위대의 지지세력은 줄어들기만 하고, 정부에 대한 불신은 늘어나기만 하며, 민관공동위원회의 역할은 회의적이기만 하고, 국민의 삶은 피곤하기만

하다. 폭력이 난무하면 그 첫 번째 희생자는 '진실'이라는 점을 명심해야 한다. 누가 옳고 누가 그른지는 더 이상 의제가 되지 못한다. 시위의 목적이 무엇인지도 더 이상 관심사가 되지 못한다. 폭력에 가려 시위는 명분과 실리 모든 것을 잃은 채, 매도와 비난의 대상으로 전락한다.

민주주의 사회에서 시위는 자기 이해를 표출하는 극히 정당한 방식이다. 그러나 시위가 정당한 권리가 되기 위해서는 법과 정해진 룰에 대한 존중이 전제되어야 한다. 폭력을 통해 얻는 것은 아무 것도 없다는 것을 분명히 할 필요가 있다.

그렇다고 하여 작금의 폭력적 시위를 겨냥하여 시위 자체를 막는 일은 없어야 할 것이다. 실제로 시위에 대한 규제가 새로운 형태의 다양한 시위방식으로 진화하고 있음을 눈여겨볼 필요가 있다. 시위에 대한 규제보다는 시위에 대해 책임을 요구하는 새로운 접근이 필요하다.

한국사회가 민주화 과정에서 억압적이며 전통적인 권위주의를 타파하는 데는 성공했지만, 안타깝게도 그 과정에서 사회질서를 위해 필수적인 권위마저 상실했다. 언뜻 보기에는 시간이 많이 걸리는 듯 보이지만 대화와 타협이 폭력과 무력보다는 갈등의 조정과 조율을 훨씬 빨리 그리고 완전하게 이루어낸다는 사실을 곱씹어 보아야 할 것이다.

언제까지 모두 지는 싸움을 계속해야 할지 우려되는 바가 한두 가지가 아니다. 과정의 공정성을 중시하며 문화로 다듬어진 시위를 정착하는 데 우리 모두의 지혜를 모아야 할 때이다.

〈한국일보〉 2006년 11월 28일
'모두 지는 싸움, 이제는 종지부를'

2만 달러 시대의 조건

1997년 외환위기를 기점으로 잃어버린 10년에 대한 우려가 확산되고 있다. 설마 10년을 잃어버리겠느냐는 한국인 특유의 대책 없는 낙관주의에도 불구하고 현실로 나타나고 있음을 부인하기 어렵다. 분단이라는 역사의 질곡을 그대로 짊어지고도 세계사에서 유례를 찾아볼 수 없는 고속성장의 경제국가와 올림픽과 월드컵으로 상징되는 문화국가를 일궈낸 한국사회이기에 잃어버린 10년은 좀처럼 수긍하기 어렵고 또한 고통스럽다.

평소 한국에 대해 쓴 소리를 많이 던진 일본의 세계적 평론가 오마에 겐이치는 2004년 3월 서울에서 가졌던 한 강연에서 한국사회의 갈등구조가 심각한 수준이며, 특히 세대갈등이 심각하다고 언급한 바 있다. 몇 가지 이유를 덧붙여 이대로 가다간 한국이 그렇게도 열망하는 2만 달러의 시대는 불가능할지도 모른다는 직설을 서슴없이 던졌다. 외국인의 눈과 입을 통해 나온 한국사회의 모습이기에 마음 편치 않지만 귀담아 들어야 할 숙제로 받아들이지 않을 수 없다.

2만 달러 시대는 가능한가, 이를 위한 과제는 무엇인가. 돌이켜보면 우리에게는 2만 달러의 장중한 목표만 있었지 정작 이를 달성하기 위한 비전과 프로그램은 없었다. 다소 거칠게 얘기하면 그동안 해왔던 방식대로 더 열심히 더 가속적으로 하면 된다는 주먹구구식이었다. 그러나 분명한 것은 양적 차이로만 보이는 1만 달러와 2만 달러에는 엄청나게 다른 질적 차이가 있다는 것이다.

선진국의 경우 국민소득 2만 달러 시대로의 이행은 크게 보아 다음 두 가지 길의 하나를 택했다. 하나는 1만 달러의 탄력을 그대로 이용하여 시스템의 큰 변화 없이 짧은 시간에 2만 달러의 목표에 연착륙한 과정이며, 다른 하나는 1만 달러에서 사회의 시스템을 대폭 수정하여 2만 달러의 진입에는 다소 오랜 시간을 소요했던 과정이다. 불행하게도 우리에겐 탄력도 없었으며, 시스템의 변화도 없었다. 외환위기가 그 탄력에 제동을 걸었고, 지독한 정치사회적 혼란은 정상의 궤도를 이탈하면서 시스템의 변화를 이끌어내지 못했다. 오로지 구호와 열망만이 난무하였고, 갈등은 증폭되었다. 경제근대화의 압축성장만큼이나 현기증 나게 빨리 진행된 민주화와 시민화 역시 성취의 포만감에 묶인 채 성찰이니 성숙을 생각해볼 겨를을 갖지 못하였다.

구호를 넘어선, 2만 달러 시대를 향한 성숙과 성찰이 요구된다. 무엇보다 1만 달러의 시대 목표와 2만 달러의 시대 목표가 다름을 숙지하여야 할 것이다. 수치상의 소득증대보다는 삶의 질이 중시되어야 한다. 1만 달러의 시대가 Think Big의 시대였다면 2만 달러의 시대는 Think Different의 시대다. 획일의 잣대를 가지고 모든 것을 재단하는 시대는 더 이상 유효하지 않다. 자본주의의 꽃이라고 하는 기업의 경우, 잘 벌고 잘 나누는 기업이 선진기업이라는 유연한 생각이 확산되어야 할 것이다. 매출액이 경쟁력의 근간이라는 사고에 잘 나누는 사회공헌이 함께 동반될 때, 경쟁력의 진정한 토대가 마련된다는 사고가 확산되면서 기업이 담당하는 삶의 질은 한층 더 돋보이게 마련이다.

시대목표 달성을 위한 과정과 절차 역시 달라야 한다. 1만 달러에 비친 한국의 모습은 질주하는 사회다. 이제 질주하는 한국사회의 고리를 끊어야 한다. 그동안 한국사회는 서구국가들이 1세기 혹은 2~3세기에 걸쳐 달성한 국민소득 1만 달러 시대를 불과 한 세대 만에 일궈내면서 과정과 절차의 정당성보다는 양적 성장과 결과만을 향해 질주하였다. 도구적 합리성만이 판을 쳤다. 민족주의나 유교주의의 동원에 힘입어 사회의 내적 연대는 매우 강한 듯이 보이지만 외부의 충격에 너무나 쉽게 흔들리는 것이 사실이다. 근거 없는 가십에 쉽게 빠져들고 한 번 몰아치는 유행에 너나없이 매몰되는 것도 어렵지 않게 목도할 수 있다. 지난 시대의 동원이 만들어 낸 중심 잃은 사회의 모습이다.

2만 달러는 단순히 통계적으로 달성해야 할 수치가 아니며 그렇게 해서도 달성될 수 없다. 지난 시대의 목표와 관행에 갇혀 있는 한 성숙사회를 향한 갈망은 공염불이 되기 십상이다.

〈국민일보〉 2004년 4월 5일
'2만 달러 시대의 조건'

시장논리 순수학문에까지 적용할 수 없다

시장논리가 학문영역에까지 확산되면서 인문학을 비롯한 순수학문의 위기가 빠르게 진행되고 있다. 진지한 성찰보다는 실용성에 바탕을 둔 경쟁력이 존재의 요건으로 간주되면서 순수 인문학의 미래는 어둡기만 하다. 정부가 진행하는 모든 사업 역시 지성의 잣대보다는 실용의 잣대에 의해 기획되고 있다.

대학이 자격시험을 위한 준비학원으로 전락하고 있으며, 학부제의 시행은 취지와는 무관하게 순수학문의 황폐로 치닫고 있다. 대학의 임무는 직업적으로 생산력을 갖추도록 도와주는 데 그치는 것이 아니라 보다 사려 깊고 보다 탐구적이고 보다 완전한 인간으로 만드는 데 있다는 경구는 먼지 쌓인 교과서에서나 찾아볼 수 있게 되었다. 지나친 학문의 실용화로 인해 사회의 천박성은 이미 심각한 수준에 이르렀으며, 이로 인해 감당해야 할 사회적 비용은 점점 커지고 있다. '순수학문의 복원을 위해 무엇이 필요한가'를 고민해 보아야 한다.

시장 자체를 적대적인 것으로 간주하거나 시장이 지닌 긍정적 측면을 부정하여서는 안 될 것이다. 경쟁적 환경에서 효과적 동기를 창조하는 시장의 능력을 부정한다는 것은 용인되기 어렵다. 그러나 순수 없는 실용은 존재하기 어렵고, 기초 없는 응용은 사상누각에 불과하다. 기초 순수학문의 존중 없이 응용학문의 성과는 기대하기 어렵다는 것이다. 오늘날은 그 어느 시대보다 퓨전(융합)의 가치가 높이 평가되고 있다. 이 역시 순수를 배제한 퓨전은 생명력이 매우 짧은 일시적 흥행에 불과하다는 사실을 간과해선 안 된다. 한 사회의 문명성과 성숙도는 그 사회가 보지하고 있는 순수 인문학의 수준과 함께 간다는 점을 명심하여야 할 것이다.

제도적 차원에서의 순수학문에 대한 지속적이고 안정적인 지원이 마련되어야 할 것이다. 기실 한국사회에서 인문학이 직면한 위기의 본질에는 가시적 생산성이 확보되지 않는다는 이유로 관심과 지원에서 도외시된 부분이 크다. 무엇보다도 인문학 발전을 위한 장기적 비전을 세워야 할 것이다. 실용주의의 대명사로 간주되는 미국에서조차 예술 · 인문학 대통령 위원회를 설치하여 '창조적 미국'의 비전을 강력하게 제시하고 있는 것은 우리에게 시사하는 바가 크다. 아울러 대학으로 하여금 인문학 전공학생의 선발에 관한 자율적인 결정권을 가지게 하는 것은 순수학문의 복원을 위한 최소한의 제도적 방안이다.

〈매경이코노미〉 2001년 2월 28일
'시장논리 순수학문에 적용할 수 없다'

극과 극 아우르는 잡종의 엘리트가 미래의 주역

역사는 권력을 만들어내고, 격동의 역사 뒤에는 격렬한 권력이동이 뒤따른다는 보편적 언명이 오늘도 예외는 아닌 듯하다. 인터넷 디지털 시대가 촉발한 글로벌 자본주의의 대변혁은 새로운 권력담론과 권력이동을 동반하면서 과거형과는 다른 새로운 파워엘리트의 출현을 예고한다. 세계화, 정보화, 민주화를 골간으로 전개된 지구적 수준의 거대전환의 사회변동 속에서 파워엘리트 역시 빠르게 변화하고 있음에 동의하지 않을 수 없다.

시간과 공간의 벽이 허물어지는 21세기 문명사를 주도할 파워엘리트는 정치권력과 경제력만을 앞세웠던 20세기형 파워엘리트와는 사뭇 다르다. 무엇보다 기업은 생각보다 훨씬 더 권력의 중심에 위치하고 있다. 오늘날 기업은 이 시대의 아방가르드로 여겨지면서 사회적 의제까지 장악하기에 이르렀다. 기업조직 내의 파워엘리트 분포도 과거와는 매우 다른 양상을 보인다. 금융자본과 기술경쟁이 생존의 절대변수로 대두되면서 금융 엘리트(CFO)와 기술 엘리트(CTO)의 위상이 크게 부상하고 있다.

'글로벌'은 21세기 파워엘리트의 키워드임이 분명하다. 글로벌의 외연과

내포가 무한히 확대되고 동시에 심화되는 시대환경 속에서 오늘날 글로벌 스탠더드에 익숙하지 않은 파워엘리트를 상상하기는 어렵다. 글로벌 스탠더드를 장악하는 엘리트가 세계를 장악하며, 우월한 표준이 곧 권력인 셈이다. 향후 떠오르는 파워엘리트 일 순위에 컨설턴트, 국제변호사가 지목되는 것도 이러한 이유에서 비롯된다.

21세기는 정보가 권력이며, '느린 자는 지배당한다'. 속도가 권력의 원천으로 강변되면서 정보콘텐츠 지배자가 새로운 파워엘리트로 등장한다. 디지털 시대의 파워엘리트로 디지털과 지식계급의 합성어인 디제라티(디지털 지식계급)의 부상을 지목하고, 이들이 새로운 파워엘리트로 등장할 것이라는 미국의 저널리스트 존 브록먼의 예견이 설득력 있게 받아들여지는 대목이다.

하드 파워에서 소프트 파워로의 이행 역시 이 시대의 권력에 관한 중심내용의 한 축으로 여겨진다. 정치경제력과 군사력에 기반을 둔 구래의 파워 패러다임은 문화력과 통합력을 축으로 하는 패러다임으로 바뀌고 있는 것이다. 문화영역의 소프트 엘리트가 과거의 정치 엘리트 못지않은 영향력을 지닌 세력으로 부상할 것이라는 진단은 탈정치화된 문화세대가 사회의 주역이 되는 시대환경과 크게 다르지 않다.

21세기의 파워엘리트는 융합(퓨전)을 덕목으로 삼는다. 새로운 파워엘리트의 조건으로 융합이 지목된 것은 순수혈통이 대우받는 시대가 지나가고 있음을 의미한다. 이를테면 서로를 경멸했던 부르주아와 보헤미안이 융합한 보보(BOBO)가 혁신의 담지자, 기존질서를 거부하는 전위대, 상징권력을 장악한 새로운 엘리트로 여겨지는 것도 이러한 까닭에서 연유한다. 한국 국적, 외국 교육경험, 초국적기업 경력의 혼합형 인간이 이미 조직의 리더로서 파워그룹으로 부상하고 있음을 결코 가볍게 볼 수 없다.

새로운 파워엘리트는 네트워크에 의한 역량강화를 중시한다. 소수의 경영자가 다수의 근로자를 관리하던 과거 대규모 피라미드형 조직의 관리형 엘리트 시대가 가고 정보와 자원을 적절하게 배분하고 연결하는 허브형 네트워크 엘리트 시대가 도래하고 있는 것이다. 이들은 폐쇄에서 개방으로, 집중에서 분산으로, 개체에서 관계로 이행하는 사회의 모습을 읽어내는 감각을 가진 자들이다.

파워엘리트의 성별, 연령별 분포 역시 커다란 변화가 있을 것으로 예상된다. 탈(脫)남성성의 시대 흐름은 기존의 남성 일방적인 권력구조와 파워엘리트의 충원에 엄청난 지각변동을 예고한다. 21세기가 여성중심의, 문화로 다듬어진 산업을 근간으로, 유연한 방식에 의해 구성되는 '3F의 시대'일 것임을 감안할 때 여성의 권한강화는 급속하게 확대될 것이다. 그런가 하면 인류 역사상 처음으로 젊은 세대가 기성세대보다 더 많은 자원과 정보를 생산하고 유통할 수 있는 역(逆)세대화 현상이 나타나면서 파워엘리트의 연령 구성도 다원화되고 젊은 세대로의 중심이동도 하나의 흐름으로 목도될 것이다.

부와 재능, 대중적 인기만으로 명성을 얻었던 이른바 스타(*star*)의 시대는 생명력을 잃어가고 있다. 사회는 부와 재능, 대중적 인기 못지않게 검약과 봉사, 신뢰와 윤리가 동반된 사회적 책임을 다하는 셀러브리티(*celebrity*)를 칭송하고 갈구하고 있다. 과거의 엘리트가 자신들의 담과 성을 쌓으면서 자신들만의 권역을 유지하였다면, 미래의 엘리트는 끊임없는 이동 속에서 연결의 길을 만들며 자신들의 정체성을 확보해 나가야 할 것이다. 공론장의 참여를 중시하면서 말이다.

파워엘리트의 형성과 권력의 이동에 관한 담론과 트렌드가 단순한 흥밋거리를 넘어 한국사회의 잠재력을 발현시킬 수 있는 새로운 엘리트의 조건들을 점검하는 계기가 될 것으로 기대해 본다.

〈동아일보〉 2006년 1월 1일
'극과 극 아우르는 잡종의 엘리트'

제 3 부

글로벌과 로컬의 소통

한국적인 것의 정체

김종래의 《CEO 칭기즈칸》에는 성을 쌓고 사는 자는 반드시 망할 것이며 끊임없이 이동하고 길을 만드는 자만이 살아남을 것이라는 칭기즈칸 후예의 유훈(遺訓)이야말로 세계화 · 정보화 시대를 살아가는 현대인의 교훈으로 삼아야 한다는 흥미로운 언급이 있다. 닫힌 사회와 열린 사회의 갈림길을 적시한 이 언급은 한국적인 것과 세계적인 것, 로컬과 글로벌의 관계를 다시 한 번 생각하게끔 한다.

영화 〈실미도〉의 관객이 조만간 1천만 명을 넘어설 것이라고 한다. 대략 추산해도 전체 국민의 4분의 1 정도가 이 영화를 본 셈이다. 한국영화의 새로운 장이 만들어지고 있다는 보도가 연일 끊이지 않는다. 시쳇말로 흥행의 대박을 터트린 것이다. 경이로운 일이 아닐 수 없으며, 한국영화사가 새로이 쓰이고 있음을 직감할 수 있다. 이어지는 질문은 이런 경이로운 대기록이 어떻게 가능할 수 있는가다. 일반적 대답은 한국 현대사의 질곡을 배경으로 한국인의 정서를 담담하게 보여주고 있기 때문인 것으로 모아진다. 요약하면 매우 한국적인 영화라는 얘기다.

한국적인 것에는 한국인의 정체성이 담겨져 있다. 요즘도 세계화의 상징적 좌표로 '가장 한국적인 것이 가장 세계적인 것이다'는 슬로건을 종종 접하게 된다. 그러나 정작 이 슬로건의 의미를 정확히 숙지하는 경우는 그리 많지 않아 보인다. 위험스러울 정도로 잘못된 독해를 하기 일쑤다. 최근에도 한국정부가 중심국가로서의 한국이라는 표현을 부주의하게 사용하여 주변국으로부터 강한 항의를 받아 홍역을 치렀던 적이 있다.

세계화 시대에 있어 민족은 특별한 의미를 지니고 있음이 분명하다. 무엇보다 국경을 초월한 다원화의 무한경쟁시대에서 버팀목을 찾아 나설 때 민족만큼 든든한 것도 없어 보인다. 다시 말해 민족 정체성의 동원은 쉽게 뿌리치기 어려운 유혹임이 분명하다.

국민의 4분의 1 이상이 한 영화를 보았다는 사실은 한편으로는 한국적 공감대가 형성되었다는 점에서 대단히 자랑스럽기도 하지만 다른 한편으로는 정체성의 정치가 너무 쉽게 먹혀든다는 점에서 우려의 끈을 놓을 수 없다. 세계화의 소통 시대에 합리적 판단의 가장 큰 걸림돌은 한국적인 것의 중독과 한국적인 것의 강박이다. 이것으로부터의 유연한 탈출이 절실히 요구된다.

한국적 정체성만의 동원으로는 오래 지속되지도 멀리 가지도 못한다. 일례로 외환위기 이후 IMF 관리체제에서 한때 크게 선풍을 일으켰던 '8 · 15 콜라'를 떠올려 본다. 당시의 시대상황과 맞물린 한국적 정체성에 호소한 결과였다. 그러나 그리 오래가지 못했다. 이유는 음료가 갖추어야 할 맛과 멋의 형식을 갖추지 못했기 때문이다.

〈쉬리〉, 〈친구〉, 〈실미도〉, 한국영화의 한 획을 긋는 작품들이다. 이들의 공통점은 한국적 정체성을 소재와 본질로 설정하고 서양적 형식, 이를테면 할리우드의 블록버스터 스타일을 대폭 차용한 이른바 퓨전작품이다. 이들 영화의 성공담이 던지는 메시지는 한국적 정체성의 기본개념과 소재가 세계 최첨단의 표현형식과 결합할 때 그 잠재력의 공간은 무한히 넓어진다는 점이다. 이 메시지는 비단 영화에만 국한되는 얘기는 아니다. 기업 경영, 국가 경제에도 그대로 적용된다. 한국적 정체성에 대한 과신을 경계하면서, 한국적 소재와 세계적 형식이 결합할 때 새로운 가능성은 무한히 열릴 것이다. 로컬과 글로벌의 아름다운 제휴에 우리의 미래가 달려 있다. 닫힘의 성을 쌓는 사회와 열림의 길을 만드는 사회에서 우리가 택해야 할 것은 자명하다.

〈국민일보〉 2004년 2월 9일
'한국적인 것의 허와 실'

글로벌 스탠더드는 누구의 것인가

시오노 나나미의 《로마인 이야기》에는 타민족에 대한 로마인의 유연함과 개방성이 로마가 누렸던 1천 년 번영의 주요 원인이었다는 흥미로운 언급이 있다. 지식으로는 아테네보다 못했고, 전투력에서는 스파르타에 견줄 수 없었던 로마가 어떻게 유럽 역사의 중심에 오래 설 수 있었느냐는 물음의 답을 시오노 나나미는 로마인이 끌어안은 글로벌 문화에서 찾았다.

인류 최초의 세계인 모습을 로마인에서 찾을 수 있다는 지적이다. 로마인은 필요하다면 정복민에게도 시민권을 부여했으며 타민족에 대한 혐오는 아예 존재하지 않았다고 한다. 오늘의 이야기로 풀어본다면 다름을 인정하고 같음을 모색하는 개방적 자세이며, 필요한 인재를 선발할 때 국적을 일절 묻지 않는 세계화 전략의 유연한 실천을 읽어낼 수 있는 대목이다.

오늘날 진행되는 세계화 전략은 단연 미국이 주도하고 있다. 이 시대 글로벌 스탠더드는 아메리칸 스탠더드의 또 다른 이름에 불과하다는 주장을 반박하기는 어려워 보인다. 맥도날드, 할리우드, 실리콘 밸리, 월스트리트로 이어지는 미국의 신화가 이 시대의 역동성을 대변하기 때문이다.

글로벌 스탠더드로서 미국식 모델을 진단해보지 않을 수 없다. 도덕적 해이를 차단하고 예방한다는 점에서 미국식 자본주의보다 우위에 있는 제도는 없을 것이다. 그러나 다른 한편으로 공평성과 공정성의 기준에서 볼 때 그만큼 취약한 제도도 없다. 거칠게 표현하여 반쪽의 모델이다. 반쪽의 모델이 글로벌 스탠더드의 역할을 자임하면서 지구상 대부분의 국가들에 따라줄 것을 강요하는 셈이다.

〈뉴욕 타임스〉 칼럼니스트인 토머스 프리드먼은 이런 현상을 '황금 구속복'으로 비유하며 비판의 칼날을 세운다. 세계의 양상은 미국이 만들어 놓은 황금 구속복에 모든 나라가 몸을 맞추는 모습이라고 꼬집는다. 몸에 옷을 맞추는 것이 아니라 옷에다 몸을 맞추는 형상이 올바를 리 없다는 주장이다.

글로벌 스탠더드는 이제 기업과 국가의 흥망성쇠를 좌우하는 경쟁력의 새로운 가늠자로 확산되고 있다. 그것은 이 시대에 통용되는 생존의 철학이자 경제의 법칙인 셈이다. 그 누구도 글로벌 스탠더드의 철학과 법칙으로부터 자유로울 수 없어 보인다.

돌이켜보면 외환위기 이후 IMF 관리체제 속에서 한국정부는 글로벌 스탠더드를 앞세운 구제금융 제공자의 요구를 따라야만 했다. 이후 한국사회는 영역과 분야를 불문하고 미국식 자본주의의 방식을 글로벌 스탠더드로 인식하면서 이를 벤치마킹하고 정착시키려고 분주하게 움직였다. 그 결과 세계화의 문양은 많이 갖추었다.

그러나 사회는 통합보다는 점차 해체 쪽으로 경도하고 있다. 글로벌 스탠더드가 무한경쟁을 강요하면서 미래를 착취하는 양상으로 전개되고 있다. 사회는 빠른 속도로 양극화되고 있으며 사람들 사이의 신뢰와 자신에 대한 정체성은 불안하기만 하다.

여기저기에서 글로벌 스탠더드를 따라가느라 헉헉거리고 있다. 이제는 좀 더 선택적인 자세로 글로벌 스탠더드를 취해야 할 것이다. 글로벌 스탠더드에 대한 맹신에서 한 발짝 물러나 허와 실을 직시하면서 말이다.

글로벌 스탠더드에 대한 맹신을 버리고 자기 색깔을 가져야 할 것이다. 그간의 정황에서 알 수 있듯 무조건적인 글로벌 스탠더드의 수용은 곤란하다. 무비판적으로 따를 경우 헌신과 공동체 같은 한국 특유의 강점이 발휘될 수 있는 공간은 점점 좁아진다. 근자에 들어 한국에서 선진경영을 주도하는 기업들이 이러한 문제를 중시하기 시작한 것은 다행스러운 일이다.

기업의 경우 경쟁의 원칙을 끌어안으면서 글로벌 스탠더드화된 윤리경영, 기업의 사회적 책임, 타문화에 대한 유연한 대응을 중시해야 할 것이다. 이 시대에 필요한 자본주의는 각 사회의 전통 및 관습과 조화를 이루는 자본주의다. 이러하기에 '글로벌 스탠더드'냐 '한국적 특수성'이냐의 이분법적 논쟁 역시 적절하지 않다. 글로벌과 로컬의 아름다운 제휴에 우리의 미래가 달려 있다.

〈국민일보〉 2003년 12월 8일
'글로벌 스탠더드의 허와 실'

미국식 자본주의의 빛과 그림자

이 시대를 미국의 룰에 의해 운영되는 글로벌 자본주의 시대라고 칭하는 데 이의를 제기할 사람은 그리 많지 않을 것이다. 오늘의 미국을 신경제의 틀로 보아야 한다는 주장이 힘을 얻으면서 미국 자본주의는 마치 이 시대 경제운영의 교과서로 간주된다. 독일의 유력한 잡지 〈슈피겔〉은 최근의 한 논평에서 일찍이 한 나라가 지구를 오늘날의 미국만큼 철저하게 지배한 적이 없었다고 주장한 바 있다.

최근 들어 세계에 던지는 미국 자본주의의 이데올로기는 매우 분명하다. 자유화하고 규제완화하고 유연화하고 세계화하라는 것이다. 그렇게 하지 않으면 경쟁력을 가질 수 없어 갈수록 더 뒤처질 것이라는 메시지이다. 기실 많은 나라들이 상황적 조건은 다르지만 미국을 향한 모방적 동형화를 추진하느라 분주하다. 한국 역시 예외는 아니다.

미국식 경제운영 질서는 어떤 문법에 기초하고 있는가. 미국식 자본주의는 주주이익, 특히 단기이익 중심의 체제이다. 다소 거칠게 표현하면 미국식 자본주의는 기업의 주가를 올리기 위해 혈안이 되어 있다. 즉, 기업은 성급한

주주를 달래야 하기 때문에 주식시장의 하루하루의 신호에 부응하기 위해 장기적 발전계획보다는 빠른 시일 내에 수익을 내는, 자본회전율이 빠른 사업에 골몰할 수밖에 없다. 당연히 인적 자산을 기업 고유자산으로 키우려는 유인도 미약해진다.

이러하기에 기업 경영진들은 무엇보다 주주들의 이익, 주가를 끌어올리기 위해 최선을 다할 수밖에 없다. 비용절감을 위한 무자비 해고, 수익성 없는 부분의 과감한 매각, 성과급제, 스톡옵션 제도는 이러한 미국 기업운영 방식의 결과물이다. 이러한 문제는 미국기업의 단기 정태적 효율성과 장기 동태적 효율성 간의 마찰로 이어지면서 미국식 자본주의의 장기적 경쟁력에 대한 회의로 이어지기도 한다.

미국식 자본주의의 운영의 상징으로 지목되기도 하는 초대형 기업의 합병 역시 두 회사의 주식을 하나로 합쳐 주가를 일거에 상승시키는 효과를 기대하는 데서 비롯된다. 인위적인 부양장세의 전형인 것이다. 이런 과정에서 금융자산 몸집 불리기의 붐이 일어나고 거대 금융기관들의 인수합병 추세가 가속화되고 있다. 그러나 문제는 인수합병 뒤에는 항상 엄청난 규모의 감원 계획이 따라 붙는다는 것이다. 자본의 거대한 결합이 노동자에게는 해고통지로 돌아오는 형국이다.

미국 자본주의의 최대 강점은 도덕적 해이를 철저하게 차단하는 데 있다. 도덕적 해이는 어느 사회에서나 발생하기 마련이다. 따라서 도덕적 해이를 사전에 방지할 수 있는 제도적 방안을 철저하게 마련할 것을 강변하고 있다. 이를테면 주주와 경영자 사이의 주인과 대리인의 불일치에 따른 도덕적 해이 문제를 차단하기 위해 다양한 형태의 제도적 장치가 필요하다는 것이다. 자본시장을 이용한 경영권 이전을 가능하게 하는 외부감시제도와 사외이사를 활용하는 내부감시제도가 대표적인 예이다. 또한 노동시장에서 발생하는 도덕적 해이를 감시하는 제도적 장치가 노동시장의 유연화이다.

오늘날 어느 나라를 막론하고 금융주도의 경제로 전환하면서 금융시장의 역할이 배가되고 있으며, 동시에 삶의 구현 토대인 노동시장의 역할은 여전히 관심거리이다. 금융시장에서의 가장 중요한 과제는 도덕적 해이며, 노동시장에서의 가장 중요한 과제는 공정성(*fairness*)이다. 도덕적 해이를 차단한다는 점에서 미국식 자본주의보다 우위에 있는 제도는 없을 것이다. 그러나 공정성을 견지해야 한다는 점에서 미국식 자본주의만큼 문제를 많이 지니고 있는 제도도 없다. 미국식 자본주의의 꿈과 짐이 매우 분명하게 나타나는 대목이다.

결론은 매우 자명하다. 모든 영역에서 미국식 자본주의의 일방적 적용은 곤란하다. 지금이라도 정책기조의 조정과 모방적 동형화에 완급이 있어야 할 것이다.

〈매경이코노미〉 2001년 6월호
'미국식 자본주의의 허와 실'

제국과 글로벌 도덕

2003년 5월 1일, 조지 W. 부시 미국 대통령은 세계인을 대상으로 영화보다 더 드라마틱한 장면을 연출하였다. 중동에서 전쟁을 마치고 돌아오는 항공모함 에이브러햄 링컨호에 등장한 것이다. 전투기 조종사 유니폼에 야전용 군화, 헬멧까지 완벽하게 갖춘 부시 대통령은 해군 전투기를 타고 샌디에이고 앞바다에 떠 있는 항공모함에 내렸다. 함상에는 열광적으로 환호하는 5천여 명의 병사가 대통령을 맞았으며 연설 내내 끊임없는 함성과 박수가 터졌다. 여기에서 부시는 이라크와의 전쟁이 마무리되었다며 종전을 선언했고 앞으로 자유 이라크를 건설하겠다고 호언했다.

이 광경은 TV 중계로 미국 전역에 생생하게 전달되었고 동시에 전 세계로 빠르게 전파되었다. 위풍당당한 항공모함을 배경으로 젊고 강인한 대규모 엑스트라의 응원 속에 지도자로서의 위상을 한껏 연출한 셈이다. 아무도 예상하지 못한 극적 장면이었다. 이 광경을 영화제목으로 패러디한다면 '인디펜던스 III' 아니면 '워싱턴 엠파이어의 오만과 편견'쯤 될 것이다.

그리고 정확히 1년이 지났다. 이라크에서 전쟁이 끝났다고 믿는 사람은 아무도 없으며 자유 이라크가 재건되고 있다는 흔적은 그 어디에서도 찾아보기 어렵다. 오히려 전쟁은 갈수록 미궁으로 빠져들고 있으며 문명의 충돌이라는 유령에게 빌미를 제공하는 형국으로 치닫고 있다. 미국 안에서의 갈등도 격화되기는 마찬가지다. 현대판 제국경영에 문제가 생긴 것이다.

오늘날 미국은 어떤 기준으로 보더라도 제국이다. 그러나 그 제국을 책임진 부시는 제국경영의 핵심교훈을 모르고 있는 것 같다. 제국을 이끌어가는 것은 예나 지금이나 군사적이고 정치적이고 경제적인 일임이 분명하다. 인구 몇 안 되는 나라가, 가난한 나라가 제국이 되었다는 기록은 찾아보기 어렵다.

그러나 제국을 이끌어가는 것 역시 도덕적인 일이다. 도덕적이지 못한 나라가 오랫동안 제국을 구가한 예도 극히 드물다. 로마제국의 번성이 용맹한 군대만으로 이루어진 것이 아니라는 사실은 익히 알려져 있는 역사적 기록이다. 피정복민에게도 시민권을 부여한 로마제국의 유연함과 개방성, 나아가 로마제국이 끌어안은 글로벌 문화가 1천년 번영의 원천임을 강조하지 않을 수 없다.

힘에 의한 일방주의 정책이 글로벌 규범을 무너뜨리고 있다. 미국은 자국 에너지 업체의 이익을 위해 세계가 여러 해 동안 공들여 합의한 교토의정서를 하루아침에 폐기해버렸다. 또 전쟁범죄를 근절하기 위한 국제형사재판소 설립에도 제동을 걸었다. 국제 공공선 창출에도 미국 행정부는 매우 인색하다. GDP의 0.7%를 국제원조금으로 지출할 것을 권고한 유엔의 결의안에 대해 미국은 고작 0.1%만 기부한 것으로 집계되었다.

이 모든 것이 제국으로서 갖추어야 할 글로벌 도덕성을 상실하고 있음을 의미한다. 제국이 주도해야 할 보편성의 규범을 포기하는 셈이다. 근자에 들어 '외톨이 슈퍼파워'라는 외신보도가 잦아지는 것도 이와 무관하지 않다.

미국은 어떤 기준으로 보더라도 20세기에 가장 성공한 국가다. 성공의 저변에는 높은 도덕적 기준이 깔려 있다. 20세기 미국의 지도력은 도덕적 우월성을 기반으로 이룩되었다는 주장에 커다란 이의를 달기 어렵다. '야채샐러드'와 '위대한 용광로'의 이중적 평가 속에서도 미국은 제국을 이루어냈다. 이제 그 영속은 폐쇄적 패권주의에서 한 걸음 물러나 세계와 공유하는 도덕성을 어떻게 견지하느냐에 달려 있다.

다른 나라에서 쏟아지는 비판이 부시 행정부에게 자존심 상하는 일이라면 자국에서 제기되는 균형 갖춘 비판의 소리에는 귀 기울여야 할 때다. 미국이 세계에서 지배적 위치에 있는 것은 현실이지만 이것을 과도하게 부풀려 모든 나라에 자신들의 주장을 강요하는 오늘의 상황은 곧 꺼질 수밖에 없는 버블이라고 진단한 소로스의 합리적 성찰을 부시 행정부는 진지하게 받아들여야 할 것이다.

〈국민일보〉 2004년 5월 4일
'제국과 글로벌 도덕'

반쪽짜리 강국, 미국

빌 클린턴 행정부에서 국방 차관과 국가정보위원회 의장을 지낸 하버드대학의 조지프 나이 교수는 강대국이 되기 위해서는 하드 파워(경성 권력)뿐만 아니라 소프트 파워(연성 권력)도 갖추어야 한다고 지적한 바 있다.

여기서 하드 파워는 강대국의 일반적 조건으로 잘 알려진 군사력과 경제력을 의미한다. 이와 대조적으로 소프트 파워는 내가 원하는 것을 다른 사람도 원하게 만드는 힘으로서 탄력적 문화, 관용의 가치와 제도, 국제협력에의 참여와 같은 보이지 않는 자원을 의미한다. 전자가 강제를 통해 힘을 얻는다면, 후자는 매력을 갖게 함으로써 힘을 얻는다. 전자가 당근과 채찍의 논리로 힘을 과시하는 것이라면, 후자는 같음과 다름의 묘미로 힘을 보여주는 것이다.

오늘날 하드 파워의 상징은 단연 미국이다. 미국은 이미 슈퍼 파워의 위치를 넘어 버린 상태다. 독일의 〈슈피겔〉이 보도한 바와 같이 미국의 아이콘은 카트만두에서 킨샤사, 카이로에서 카라카스에 이르는 지구 전역에 퍼져 있으며, 하드 파워의 세계화는 'Made in USA'의 라벨로 도배되어 있다.

한편 소프트 파워의 강대국은 스웨덴, 덴마크, 네덜란드와 같은 나라들이다. 이른바 강소국들이다. 다름을 존중하고 같음을 모색하는 성찰적 문화의 세계화 측면에서 앞선 국가들이라 할 수 있을 것이다. 선진국 중에 자국 국민소득의 0.7%를 국제원조금으로 지출할 것을 명시한 유엔의 결의안을 이행하고 있는 나라는 덴마크, 노르웨이, 네덜란드, 스웨덴 단 네 나라뿐이다. 국민소득에서 원조가 차지하는 비중으로 국제불평등을 경감시키는 노력을 측정한다면 작은 덴마크가 거대한 미국보다 10배 가까이 많은 노력을 하고 있는 셈이다.

미국은 분명 매력적인 국가다. 아메리칸 드림을 안고 태평양과 대서양을 건넌 수없이 많은 사람이 이를 말해준다. 미국은 어떤 기준으로 보더라도 20세기에 가장 성공한 국가다. 경제는 말할 것도 없고 자연과학, 사회과학 심지어는 인문철학 연구에서도 미국을 넘어설 수 있는 나라는 없는 것처럼 보인다. 전지구적 소비문명에서의 헤게모니 역시 그 어떤 도전을 불허하고 있다. 이 시대 유일한 글로벌 파워, 글로벌 제국으로 남아 있기에 손색이 없다.

그러나 혼자서 힘만 과시하는 것으로는 진정한 의미의 강대국이 될 수 없는 일이다. 다른 사회들이 인정해 주어야 한다. 유럽판 〈타임〉이 유럽인을 대상으로 '어떤 나라가 2003년 세계 평화에 가장 위협적이라고 생각하느냐'의 조사에서 북한이 7%,이라크가 8%,미국이 84%로 집계된 바 있다. 슈퍼 파워 미국의 현주소를 극명하게 보여주는 대목이다.

오늘날 지구촌이 안고 있는 가장 큰 문제 중의 하나는 미국이라는 제국이 자신의 힘으로 무엇을 하기를 원하며, 무엇을 할 수 있으며, 무엇을 해서는 안 되는가를 모른다는 데 있다. 우리 편이 아니면 우리의 적이라는 경직된 이분법적 생각은 미국이 주도하는 세기의 정점에서 살고 있는 인류를 불안하게 만들고도 남는다.

근자에 들어 미국은 미국이 변한 것을 세계가 너무 모른다고 항변하고 있다. 미국에서 나타난 변화를 이해하지 못한다는 얘기다. 9·11 테러 이후 미국은 근본적으로 바뀌었으며, 외부의 위협에 대해 결코 용납하지 않을 것임을 알아야 한다는 논지다.

미국사회 내부적으로도 동요가 있음을 어렵지 않게 찾아볼 수 있다. 사람들을 신뢰할 수 있느냐의 질문에 대해 단지 34%만이 동의한다는 최근 조사결과는 신뢰부재 사회로서의 미국을 그대로 보여준다. 1960년대 초반 80%에 가까운 높은 신뢰 분포와는 엄청난 차이가 있다. 오늘날 기업과 미디어에 대한 미국인의 신뢰는 거의 바닥이다. 이렇듯 국내외에서의 신뢰부재는 강대국의 모습이라고 보기 어렵다. 반쪽짜리 강대국의 모습이 나라 안팎에서 나타나고 있지만 미국정부는 애써 외면하고 있는 듯하다.

글로벌 시대에 미국이 강대국으로 계속 남기를 원한다면 소프트 파워의 복원에 깊은 관심을 쏟아야 할 텐데. 그래야 미국인들 사이의 신뢰도 다시 두터워질 텐데.

〈국민일보〉 2003년 7월 21일
'반쪽짜리 강국, 미국'

스포츠 영웅인가,
제국주의의 선봉인가

한쪽에는 상상할 수 없을 정도로 거인화되고 우상화된 농구 황제 마이클 조던이 우뚝 서 있으며, 다른 한쪽에는 조던의 상품성과 세계 소비자의 욕망을 간파한 나이키의 필 나이트 사장이 눈을 번득이며 서 있다. 두 사람이 상대방의 공과 신발을 몇 번 매만지더니만 불과 몇 년 만에 가장 미국적인 감동인 조던과 나이키를 가장 세계적인 감동으로 만들어 냈다. 《마이클 조던, 나이키, 지구 자본주의》(*Michael Jordan and The New Global Capitalism*)는 마이클 조던의 이미지를 이용하여 초국적 기업이 어떻게 '미국식 생활방식'을 전 세계에 전파하는가를 생생하게 묘사하고 있다.

저자인 월터 레이피버는 이미 미국 외교사를 비롯하여 걸출한 저서를 여러 권 출간한 미국의 저명한 역사학자이다. 그는 역사학의 경계를 넘어서는 상상력과 분석력을 바탕으로 이 시대의 글로벌 자본주의 모습을 그려내는 놀라움을 보여준다. 역사가의 혜안과 농구광의 활력으로 무장한 저자는 우리 시대의 강력한 두 힘인 프로스포츠와 글로벌 자본주의 간의 상호작용을 생동감 있게 보여준다. 저자는 조던의 명성과 스포츠 제조업체인 나이키의 결합에 의한 글로벌 이윤추구를 눈에 띄지 않게 확산되는 위험천만한 그 무엇으로 독해하고 있다.

그리 길지 않은 책은 매우 독특한 구성과 장르 사이의 크로스오버를 대담하게 선보인다. 매우 흥미롭게도 농구라는 스포츠를 분석대상으로 삼으면서 말이다. 시장에서 농구가 진화한 오랜 상업적 역사를 개괄하면서, 그 진화 역사의 절정에 마이클 조던을 등장시킨 것이다. 책의 일부는 전기이며 일부는 사회사이며 일부는 경제 논평이다. 전체 흐름은 마이클 조던의 전기이지만, 미국사회의 발전과 궤를 같이 하는 농구의 사회사가 배경으로 채색되어 있으며, 종국에는 글로벌 자본주의에 대한 사회경제적 평론으로 넘어간다.

월터 레이피버 지음, 이정엽 역, 《마이클 조던, 나이키, 지구 자본주의》(2001)

이 책의 매력이자 놀라움을 주는 것은 마이클 조던의 전기와 농구의 상업적 역사에 관한 긴 서술을 배경으로 승승장구하는 자본주의의 도구들이 미디어 혁명과 맞물리면서 어떻게 지구상의 모두를 하나씩 하나씩 정복해가고 있는가를 간결하게 보여주는 데 있다.

농구의 역사와 조던의 등장은 미국사를 독해하는 데 있어 흥미로운 대목이다. 농구의 역사는 미국이 세계에서 두각을 나타내기 시작한 것과 정확히 때를 같이 한다. 또 조던의 등장은 신발업계의 빌 게이츠라 할 수 있는 필 나이트 나이키사 사장의 등장과 때를 같이 한다. 순발력 있는 역사학자는 언뜻 보기에 무작위적인 역사적 조응을 그냥 지나치지 않았다.

이 책은 농구의 역사에서부터 시작하여 조던의 등장으로 독자를 이끌어가면서 농구와 기업 마케팅이 융합해 지구의 문화적 정복을 주도하는 과정을 세밀하고 구체적인 사실의 재현을 통해 보여준다. 마이클 조던과 나이키, 그것은 미국화 성공의 상징이며 동시에 미국화 타락의 상징으로 그려지고 있다. 뒷골목 아이들이 나이키 운동화 때문에 살인을 저지르고, 일본의 청소년들이 나이키 운동화 한 켤레를 100만 원씩이나 주고 거래하며, 중국의 학생들이 시카고 불스의 유니폼을 입고 다니는 양태는 마이클 조던에 대한 경의의 표현이 가히 세계적임을 의미한다.

저자는 마이클 조던을 위대한 운동선수 이상으로 여기고 있다. 그러나 다른 한편으로 조던의 실수와 편력을 언급하고 그가 얼마나 기꺼이 나이키를 비롯하여 맥도날드, 게토레이와 같은 거대 초국적 기업 스폰서의 노예가 되는지를 보여준다. 책은 마이클 조던이 20세기의 위대한 상품 광고모델인지 아니면 음험한 제국주의의 선봉자인지를 묻는다. 그 대답으로는 지구 자본주의의 본질은 조던의 마케팅 효과가 아니라 전 세계 소비자들의 구매행태에 대한 미국의 영향력, 나아가 권력이 저지를 수 있는 파괴행위와 관련이 있음을 시사한다. 조던을 앞세운 나이키사의 세계시장 지배에 관한 저자의 지적은 신랄하다.

이 책의 마지막 자락에는 담론수준의 무게실린 사회평론이 던져져 있다. 미래의 전장은 헌팅턴류의 '문명 대 문명'이나 맑스류의 '제국주의 대 반제국주의'가 아니라 '자본 대 문화'라는 것이다. 아울러 자본과 문화 간의 경쟁은 질서 있고 평화롭게 이루어지지 못할 것이라는 전망으로 끝말을 흐린다.

〈조선일보〉 2001년 6월 23일
'마이클 조던, 스포츠 영웅인가 제국주의 선봉자인가'

백악관 집무실의 무허가 거주자

책제목부터 범상치가 않다. 《멍청한 백인들》 — Stupid White Men.

엄청난 위력을 지닌 시한폭탄이 장착되어 있음을 직감한다. 첫 장부터 표현은 점잖지 못하고, 맹렬한 비난과 분통터지는 증거들로 가득 차 있으며, 한 판의 프로레슬링처럼 소란스러운 재미로 그득하다.

"미국 정부는 만날 말썽만 부리는 부잣집 아들과 낫살깨나 먹은 심복들에 의해 점령당해 버렸다. … 멋진 연미복을 입고 마티니를 퍼마셔 대는 늙은 백인들이 수도 워싱턴을 장악했다. … 우리의 물은 오염됐으며, 오존층은 갈기갈기 찢어졌으며 레저용 차량들이 메뚜기처럼 몰려들고 있다. … 미국은 더 이상 자유롭고 공정한 선거를 치를 능력이 없다. … 미국이야말로 유엔 사찰단과 유엔군을 필요로 한다."

부시에게 붙여진 칭호 역시 기상천외하다. '미국의 대통령, 최고위 도둑, 연방소유 토지 무단 침입자, 백악관 집무실의 무허가 거주자.'

'도둑 대통령' 조지 부시와 그의 파워 엘리트들에 대한 맹렬한 비난으로 시작하는 이 책은 출간 수일 만에 〈뉴욕 타임스〉, 〈워싱턴 포스트〉를 비롯한

마이클 무어 지음, 김현후 옮김,《멍청한 백인들》(2002)

미국 주요 신문이 집계하는 베스트셀러 1위에 올랐다. 그러나 정작 책 출간에 앞서 출판사는 과연 이 책을 출간해야 하는지를 놓고 수없이 많은 고민을 했다는 후문이 있다. 그 고민이 이해가 간다.

이 책은 한 편의 미국판 개그콘서트다. 후안무치한 개그와 무분별한 코미디는 분노의 표현방식이다. 이 책을 읽는 미국인이라면 자신의 정치적 입장이 민주당 편이냐 공화당 편이냐, 진보진영이냐 보수진영이냐에 상관없이 십중팔구는 발끈할 것이다. 분명히 독설이다. 그러나 미국의 양심이 살아있는 독설이라 쉽게 내치지 못한다. 독설을 넘어선 이 책의 힘 때문이다.

수상경력이 화려한 작가이자 영화 제작자인 저자 마이클 무어는 세계에 아무런 도움도 되지 않은 채 쓸모없이 빈둥거리는 바로 그 거대하고 추악한 특혜집단인 멍청한 백인들을 진단하고 나선다. 여론 조사에 따르면 미국인의 60%가 자신들의 땅 미국에 대해 불쾌감과 분노를 품고 있다고 한다. 부정직한 판사들이 대통령을 뽑고 돈이 일상을 지배하며 부자들은 약탈에 여념이 없고 … 미국인 대다수는 자신들 몫을 정당하게 주장할 수 있는 확실한 방법이 없는 현실을 개탄한다고 한다.

이 책의 내용 하나 하나 충격적이지 않고 기발하지 않은 것이 없다. 미국사회의 시야가 매우 다양함을 읽을 수도 있다. 그러나 자신들의 행태를 인정사정 볼 것 없이 까발리고 권력 엘리트를 희화화하는 것 역시 미국문화의 일상임을 주시할 필요가 있다. 자신들의 치부를 발가벗긴 양심선언의 충격이 다른 사회가 생각하는 것처럼 그리 대단하지 않을 수도 있음을 놓치지 말아야 할 것이다.

〈조선일보〉 2002년 5월 18일
'부시는 백악관 집무실의 무허가 거주자'

불평등에 무력한 국제기구

국제사회 발전에 관한 근래의 국제회의에서 일관되게 표명되는 관심은 세계화가 만들어 낼 풍요에 대한 기대보다는 세계화로 인한 배제와 차별의 문제다. 세계화, 글로벌 자본주의가 생각보다 빠르게 국제사회의 불평등과 해체 양상으로 경도되고 있음에 따른 우려다.

정치, 경제, 사회 각 부문에 걸쳐 총체적 세계화를 적극 지지해온 세계은행이 21세기 들어 발표한 보고서에 따르면 세계화가 진전됨에 따라 국가간 빈부격차가 더욱 벌어지는 양극화 현상을 보이고 있다. 오늘날 가장 부유한 나라 20개국의 평균소득은 가장 가난한 나라 20개국의 평균소득보다 37배가 많으며, 이러한 격차는 지난 40년 동안 배나 증가했다.

부유층 상위 1%가 전체 인구 57%에 해당하는 부를 가지고 있으며, 전 세계 인구의 절반인 30억 명이 빈곤선인 하루에 2달러 미만으로 생계를 꾸려가고 있고, 10억 명 이상이 하루에 1달러 미만으로 살아가고 있는 것으로 집계됐다. 더욱 심각한 것은 8억 명 이상이 영양부족으로 고통받고 있다는 것이다. 국제사회의 불평등이 얼마나 심각한지를 극명하게 보여준다.

이에 따라 국제사회의 불평등을 관리하는 제도적 장치가 필요하다는 지적과 함께 국제기구의 역할에 대한 요구가 끊임없이 제기되지만, 지금까지 국제 불평등 경향을 제어할 그 어떤 기제도 찾아보기 어려운 상황이다.

국제사회의 대표적인 몇몇 기구를 살펴보면, 먼저 비공식적 국가그룹이긴 하지만 선진 강대국의 모임인 G7 혹은 G8을 들 수 있다. 한마디로 국제사회의 해체 문제를 다루기에는 비효율적인 기구다. 경제자료에 대한 접근성과 분석력 때문에 상당한 정도의 국제적 영향력을 행사하는 국제지불은행과 OECD 역시 문제의 해결 담당자로서 무기력하기는 마찬가지다. 유엔의 많은 조직은 어느 정도의 발전기금을 다루지만 단지 정책을 제시하는 수준에서 자신들의 역할을 다하고 있다.

그러나 풍부한 자금과 더 많은 권력을 가지고 부유한 국가와 가난한 국가 사이에서 적절한 역할을 자임하는 국제기구가 국제통화기금(IMF)이다. IMF는 오로지 경쟁적 자본주의만이 세계를 발전시킬 수 있으며 세계를 평등화시킬 수 있다는 이데올로기를 확고하게 갖고 있다. IMF는 1982년 남미의 외채위기 이후 금융경찰의 역할을 자임하고 나섰다. 이는 대외 채무로 고통받는 국가들에 승인된 구조조정 프로그램을 적용하는 것을 조건으로 단계적 금융대출과 경제자문을 하는 것이다.

그러나 IMF에 대한 평판은 좋지 않다. IMF 구조조정 프로그램에 대한 비판과 각성, 1990년대 후반 아시아 경제위기의 예측 실패, IMF 총재가 임기 중 사임하여 교체된 사실들이 보이듯이 품위도 없고 현실적이지도 못하다는 것이다. 그럼에도 불구하고 이른바 IMF의 구조조정 프로그램은 전 세계적으로 매우 광범하게 확산되어 있다.

전통적으로 원조는 국제 불평등을 경감시킬 수 있는 주요 수단 가운데 하나로 여겨져 왔다. 그러나 그 규모는 매우 미미하다. 전 세계 소득의 0.14%에 불과하다. 다시 말해 국제 불평등 해결의 기제로서 원조는 하잘것없는 항목이라는 얘기다. 이뿐만 아니라 선진국들에 자국 국민소득의 0.7%를 국제원조금으로 지출할 것을 명시한 유엔 결의안을 이행하고 있는 나라는 세계에서 덴마크, 노르웨이, 네덜란드, 스웨덴 등 단 네 나라에 불과하다. 전반적 원조비율은 지난 20년 동안 지속적으로 감소하고 있다. 미국은 선진국 국가군 중에서 국민생산을 기준으로 가장 낮은 원조비율을 보인다. 이렇듯 원조를 통해 국제 불평등의 감소를 기대하는 것 역시 오늘의 상황으로 보아 비현실적인 것으로 드러나고 있다.

문제의 심각함은 세계화를 주도하고 있는 그 어떠한 나라도 점점 더 악화되고 있는 불평등을 진지하게 생각하지 않고 있다는 데 있다. 이뿐만 아니라 지금까지의 활동으로 보아 국제기구를 통해 불균등의 문제가 완화될 것으로 기대하기도 어려워 보인다. 점점 확대되는 국제 불평등의 문제를 우려하지 않을 수 없는 상황이다.

〈국민일보〉 2003년 9월 8일
'불평등에 무력한 국제기구'

이민은 세계화의 흐름

한동안 이민열풍으로 온 나라가 떠들썩하였다. 이민상품이 동나고, 이민박람회가 만원이고, 은행의 이민 지원센터가 북적이고, 갈 수만 있다면 이민 가겠다는 분위기가 확산되고 있다. 연령을 막론하고 계층과 무관하게 한국을 떠나겠다는, 문자 그대로 열풍이 몰아치고 있는 듯하였다. 이러한 현상을 두고 언론은 '탈한국 신드롬', '신이민 시대', 'BYE KOREA'와 같은 특집을 기획하면서, 이른바 한국판 엑서더스를 대서특필하였다.

특집기획에는 한결같이 이민열풍에 대한 우려의 목소리가 높다. 크게 두 가지의 우려로 정리된다. 하나는 탈출구가 보이지 않는 한국사회의 현실에 대한 우려고, 다른 하나는 인재가 떠난다는 것에 대한 우려다. 특히 30 · 40대 젊은 층, 고학력의 중산층 전문직이 이민의 주역으로 등장하면서 인재 공동화까지 언급되고 있다. 최근 한 여론조사에서는 고학력 전문직의 63.5%가 이민을 가고 싶다고 응답한 것으로 나타났다.

오늘의 한국 현실을 보면 이민열풍은 어떤 의미에서 당연한 현상인지도 모른다. 눈덩이처럼 커지는 사교육비, 잡히지 않는 청년실업, '사오정'과 '오륙도'로 상징되는 고용불안, 막가는 정치판. 한국을 훌훌 떨쳐버리겠다는 이민열풍의 동기는 이해가 되고도 남는다. 나의 삶과 장래를 보장해주지 못하는 것이면 그것이 민족이든, 전통이든, 국가이든, 조직이든 연연해하지 않고 미련 없이 훌훌 털어 버리겠다는 탈민족, 탈전통, 탈국가, 탈조직의 세태를 그대로 표현하고 있는 것이다.

인류의 역사는 이민의 역사, 이주의 역사, 이동의 역사라고 해도 별로 지나친 말이 아니다. 정복의 역사, 식민의 역사, 노동의 역사, 종교의 역사, 문화의 역사에서 인간의 이동과 이주는 필수적이었다. 인류 역사에서 이주의 역사, 이민의 역사만큼 시대의 상황과 정서를 반영하는 것도 없는 것으로 보인다. 오래전 유목민들은 대륙 사이를 이동하여 새로운 제국을 만들어 냈다. 종교적 박해가 사람을 밀어낸 적도 있고, 경제적 궁핍이 먼 나라의 부를 향해 사람을 떠민 경우도 있다. 종교적 신념과 경제적 목적을 위해 국경을 넘나들었던 선교사나 상인의 모험은 오늘날 문화의 세계화, 경제의 세계화의 단초로 여겨지고 있다. 이동의 형태도 다양하여, 중심부를 향한 이주가 있었는가 하면 주변부로의 이주가 있었으며, 대중적 이주가 있었는가 하면 엘리트의 이주도 있었다.

근대사회 이민의 대표적인 국가로는 서양의 아일랜드와 동양의 중국을 꼽을 수 있을 것이다. 1840년대 후반 굶주림을 견디지 못해 인구의 반 이상이 고국을 뒤로하고 이민의 길에 오른 아일랜드인의 후손들이 이제는 북미에만 5천만 명을 넘어선 것으로 추계된다. 미국의 대륙 간 철도를 건설하고 캘리포니아의 골드러시에 꿈을 일궜던 중국인의 이민은 동남아시아의 화교 경제와 함께 오늘날 화교 경제 네트워크의 한 축을 이루고 있는 것은 잘 알려진 사실이다. 우리나라도 20세기 초 사탕수수 재배의 일자리를 향해 하와이로 간 97명을 효시로 100년이 지난 오늘 500만 명의 한민족이 지구촌의 구성원으로 살아가고 있다.

인류의 역사는 새로운 세계를 향한 끊임없는 이주와 이동으로 점철되어 있다. 인간은 한자리에만 머무른 적이 없으며 끊임없이 옮겨 다녔다. 오늘날 이동의 미학이 칭송되는 것도 이와 무관하지 않다. 현대인 모습이 신유목민으로 비유되는가 하면, 이동이 경쟁력이며 가치창출의 기제로 여겨지고 있다.

세계화의 흐름 속에서 문화의 본적지가 어디이고 성장지가 어디이고 하는 인구학적 뿌리는 실행의 강제력이나 규범의 힘을 지니지 못한다. 무엇보다도 사람의 이동으로 인한 문화의 교접이 문화적 상대주의를 구현할 수 있는 최적의 방안으로 여겨지기 때문이다. 오늘의 세계화는 다양성과 공존의 논리를 바탕으로 다름을 존중하고 같음을 모색하는 문명사적 독해를 요구한다.

오늘의 이민열풍을 한국사회의 문제 탈출구로 여기는 수동적이고 도피적인 시선에서 벗어나 세계화 시대의 유동적 흐름으로 보아야 할 까닭이 여기에 있다. 국경의 경직성, 국적의 강박감을 벗어날 때 글로벌 네트워크의 중심에 다가설 수 있게 된다. 오랜 일상의 생활에서 벗어난 다른 곳으로의 이주, 국경을 넘어선 이동은 이 시대 세계화가 절실히 필요로 하는 성찰적 과제를 구현할 수 있기에 기대의 끈임이 분명하다.

〈국민일보〉 2003년 10월 6일
'이민은 세계화의 흐름이다'

미래를
착취하지 말아야

미래의 몫은 미래를 위해 남겨 놓아야 한다. 오늘을 살기 위해 내일을 끌어내는 것은 그 어떤 이유에서건 온당하지도 적절하지도 않다. 지속가능한 사회를 만들어내기 위한 최소한의 조건이다. 언뜻 보기에 극히 평범하고 당연한 규범이다. 그러나 현실은 평범한 규범을 쉽게 실행으로 옮기지 못하고 있는 듯하다. 특히 무한경쟁이 시대정신으로 자리 잡은 세계화 시대에 지속가능의 실천은 여간 어렵지 않다.

미래는 준비하기 위해 존재한다는 명제가 오늘날만큼 절실한 적도 없어 보인다. 일방적인 자유화와 무조건적인 개방화 속에서 절제되지 않은 경쟁만이 판을 치고 있기 때문이다. 경쟁이 이데올로기로 격상되면서 모든 것이 경쟁력의 잣대로 재단되며, 근시안적인 극단의 창의력만을 강요한다. 오늘날 스톡옵션, 성과급제, 인센티브제, 아웃소싱, 다운사이징, 노동유연화, 프로젝트별 임금협상은 한결같이 구성원의 미래능력을 극단적으로 짜내고 있음을 공통의 특징으로 한다.

어떤 의미에서 자본주의 역사는 미래에 부채를 떠맡기면서 성장하여 왔다고 할 수 있을 것이다. 미래의 소득을 예상하고 오늘의 소비를 꾸려나가는 것이 자본주의에 조응하는 적절한 삶의 방식일지도 모른다. 그러나 오늘날만큼 개인의 미래역량을 무차별적이며 무제한적으로 짜낸 적은 없었던 것으로 보인다. 기계가 인간소외의 원흉으로 간주되던 산업혁명의 초기 시절에조차 개인의 미래역량을 고갈시키지는 않았다.

미래의 착취는 생산의 영역에만 국한되지 않는다. 소비의 영역에서조차 미래를 착취하는 양상이 무차별적으로 나타나고 있음을 어렵지 않게 목도할 수 있다. 최근 한국사회에서 문제시되는 신용카드의 핵심은 사회가 총체적으로 미래의 소비를 현재의 소비로 과다하게 끌어낸 것에서 비롯한다.

《노동의 종말》, 《소유의 종말》, 《육식의 종말》의 저자인 제레미 리프킨은 현대사회의 특징으로 지속적인 것과 비상업적인 것은 발붙일 곳이 없게 됨을 지적한 바 있다. 끊임없이 이동하는 삶의 양식 속에서 상업적 관계만이 존재의 가치를 인정받는 현대사회의 모습을 그려낸 것이다. 그리고 그 안에 미래에 대한 착취가 도사리고 있음을 우려하고 있다.

어떤 사회가 미래를 과도하게 착취하는가의 질문을 던져보지 않을 수 없다. 희망을 잃은 사회, 경쟁만이 넘치는 사회다. 희망을 잃은 사회, 희망의 자리에 욕망만이 미친 듯이 소용돌이치는 사회에서 미래의 몫이 온전히 남겨지기를 기대하기는 어렵다. 대박의 욕망만이 과도하게 넘쳐나고, 로또 공화국으로의 질주 속에서 미래는 준비하기 위해 존재한다는 얘기가 온전하게 독해될 리가 없다.

경쟁의 이데올로기는 세상을 점점 더 양극화의 길을 걷게 만든다. 아주 능력 있는 사람과 그저 그런 대다수의 사람으로, 아주 좋은 기업과 그저 그런 대다수의 기업으로 말이다. 경쟁만이 넘치는 과다 경쟁 사회, 경쟁을 신격화하는 신자유주의에서 미래는 준비하기 위해 존재한다는 얘기 역시 귓전으로 들어올 까닭이 없다.

지속가능한 사회를 어떻게 만들 것인가에 관심을 두지 않을 수 없다. 무엇보다도 기업의 역할과 책임에 대한 새로운 규범과 실행이 요구된다. 근자에 들어 인간사회가 지속적으로 발전할 수 있는 책임에 관심을 가져야 한다는 기업의 '사회책임투자'가 강조되고 있다. 이미 세계적 선진기업들은 기업의 사회적 책임과 지속가능한 발전을 중시하기 시작했다. 이들은 존경받는 기업이란 단순히 수익을 많이 내는 기업이 아니라 그 사회의 지속가능한 발전에 어느 정도 기여하느냐는 사회책임에 의해 결정됨을 중시한다. 이를테면 다우존스 지속가능성 지수에 편입된 기업들의 주가상승률이 일반기업의 주가상승률보다 훨씬 높다는 것은 잘 알려진 사실이다. 여기에 바람직한 기업의 위상으로 기업시민권(*corporate citizenship*) 개념을 설정한 것도 이와 무관하지 않다.

사회책임, 지속가능한 발전을 골간으로 한 미래의 준비가 오늘날 세계화의 또 다른 얼굴로 등장할 때다. 미래를 준비해야 할 대상으로 남겨놓느냐 아니면 착취의 소재로 끌어내느냐에 인류사회의 미래가 달려 있음을 중시하지 않을 수 없다.

〈국민일보〉 2004년 1월 19일
'미래를 착취하지 말아야'

자유방임적 세계화에서 관리된 세계화로

미국 싱크탱크의 대명사격인 부르킹스연구소는 최근 발간호 〈부르킹스 리뷰〉에서 미국이 아무리 강대국이라고 하더라도 다른 나라와 다른 시민과 손을 잡지 않고는 이 시대의 그 어떤 도전에도 다가갈 수 없다는 속내를 드러내는 주장을 하여 눈길을 끈다. 전염성의 질병은 국가의 경계를 개의치 않으며, 환경의 문제는 국제협력을 통해서만이 효율적으로 극복될 수 있으며, 금융위기는 국제적 구제책을 필요로 한다.

더 다급한 문제인 전지구적 테러의 위협은 미국으로 하여금 세계와 함께 외교적, 군사적, 인도주의적 방안을 조율하지 않을 수 없게끔 만들어 가고 있다. 세계에서 으뜸가는 패권국가가 취해야 할 모습으로는 격에 맞지 않아 보인다. 적어도 지난 시대의 기준으로 볼 때 말이다. 그러나 이게 오늘날 세계화 시대의 현실이다.

세계화의 교과서적 의미는 전지구적 상호의존의 심화이다. 한 국가의 삶과 운명이 다른 나라와 깊은 관련을 맺고 있음을 의미한다. 강대국 역시 예외는 아니다. 물론 상호의존이라고 하여 대등하고 대칭적인 상호관계를 의미하는 것은 결코 아니다. 오히려 불균형과 비대칭이 세계화의 실상에 훨씬 가깝다. 힘있는 자본이 득세를 하며, 수압에 눌린 문화는 신음하는 것이 오늘의 세계화 모습이다.

국내외를 막론하고 오늘날 최대 관심은 세계화로 인해 구성되는 새로운 시스템이 만들어낼 풍요와 갈등에 집중되어 있다. 세계화를 통해 인류는 세계 공동체를 향한 새로운 역사 문명의 전기를 맞을 것이라는 한편의 주장이 있는가 하면, 세계화는 인류 역사에 또 하나의 질곡만을 덧붙이는 것에 불과하다는 주장이 팽팽히 맞서고 있다. 세계화로 인한 현실은 불행하게도 풍요에 대한 기대보다는 점차 배제에 따른 사회갈등의 분출이라는 쪽으로 옮겨가고 있다.

다보스 포럼을 비롯한 세계화의 긍정성을 강변한 국제회의에서조차 세계화에 따른 갈등의 문제를 의제로 삼고 있는 것을 보면 우려가 현실로 다가오고 있는 것만은 분명하다. 절제되지 않은 무한경쟁, 일방적 자유화, 무조건적 개방화가 만들어 내는 사회적 결과를 우려하지 않을 수 없는 상황으로 치닫고 있는 것이다.

지금과 같은 자유방임적 세계화로는 선 · 후진국을 막론하고 그 어떤 나라에도 미래가 없다. 미국에서조차 빈부격차가 역사상 최고점을 기록하고 있다는 최근의 조사보고도 이와 무관하지 않다. 이대로는 안 된다는 위기의식이 확산되고 있음을 감지할 수 있다. 〈뉴욕타임스〉 칼럼니스트인 토마스 프리드먼은 세계화가 무너질 수 있는 여섯 가지 이유를 지적하면서 경계의 끈을 놓지 말 것을 주문하고 있다. 너무나 가혹하다. 연결이 과도하다. 단절이 심하다. 주제넘게 끼어든다. 너무나 불공평하다. 너무나 비인간적이다.

세계화에는 분명 거부할 수 없는 유혹과 정당한 측면이 있다. 그러나 그 정당성은 자유방임의 상태에서는 실현되기 어렵다. 시장일방주의, 시장지상주의, 세계시장 통합주의만으로는 안 된다. 새로운 세계화의 시스템이 요구되고 있는 대목이다. 자유방임적 세계화에서 관리된 세계화로의 이행이 그것이다.

다름을 존중하고 같음을 모색하는 공존과 상생의 가치와 규범을 만들어야 한다. 시장의 횡포를 시민공동체의 가치와 규범으로 막아야 한다. 복잡한 이해관계가 얽힌 현실적 문제를 풀어내기 위해 강자의 양보가 필요하다. 새로운 가능으로서의 세계화가 갖추어야 할 최소한의 항목들이다.

〈업코리아〉 2003년 10월 21일
'자유방임적 세계화에서 관리된 세계화로'

세계화, 수용과 거부의 이분법을 넘어

1990년대 서구에서 벌어진 가장 열띤 논쟁을 세계화로 지목하는 데 다른 의견을 가진 학자는 별반 없다. 웬만한 격식을 갖춘 학술지나 대중잡지 치고 세계화를 다루지 않은 것도 드물다. 사실 근래에 들어 세계화 논의만큼 다양한 스펙트럼 속에서 극단적 편가름이 진행되는 것도 그리 많지 않을 것이다. 무엇보다도 세계화가 만들어낼 결과에 대한 예민한 관심 때문이다. 미래의 꿈과 짐의 갈림길이 세계화의 행로에 달려있기 때문이다.

그동안 세계화에 관한 심도 있는 글은 이미 적지 않게 출간된 바 있다. 학문적으로 일가를 이룬 것으로 평가되는 이 시대의 사회이론가나 시민운동가 치고 세계화의 시대적 흐름과 이의 대응에 관해 무심하게 지나치는 경우는 없는 듯하다. 그중에서 최근 국내에 번역 소개된 울리히 벡의 《지구화의 길》과 헬레나 노르베리-호지의 《허울뿐인 세계화》가 눈에 띈다.

현대판 '용감한 신세계'격인 세계화에 관한 논쟁의 핵심은 크게 보면 세계화의 수용과 거부라는 이분법적 구도에서 진행된다. 그러나 보다 세밀하게 독해를 해보면 세계화가 그리 단순한 구도에서 진행되는 것이 아니고, 그럴 수도 없음을 알게 된다. 특히 지난 10여 년 남짓 진행된 초국적 기업과 금융자본에 의해 주도되는 글로벌 자본주의의 본격적 진행에 따른 국제적 차원의 불평등과 국내적 사회해체의 양상이 극명하게 드러나면서 세계화의 논의는 점차 '세계화의 재구성'과 '세계화의 거부'로 방향타를 잡아가고 있다. 위의 두 저술이 세계화의 두 가지 흐름에 가장 적합한 것은 아니나 다소 개방적인 독해를 할 경우 검토해 볼만한 충분한 가치가 있는 것으로 보인다.

《지구화의 길》에서 우리는 울리히 벡이 이미 출간한 걸출한 몇 권의 저서를 바탕으로 세계화 담론의 재구성을 완결하려는 시도를 하고 있음을 읽을 수 있다. 그는 현재의 상황에서는 이미 성립된 세계사회와 세계성을 부인하기는 어렵다는 현실적 인식에서부터 출발한다. 그렇다고 하여 이것이 국가개입과 국가규제의 최소화를 핵심내용으로 하는 신자유주의 이데올로기나 경제적 세계화로 경도되는 것은 결코 아니다. 세계화의 이해는 어떤 단일한 과정이나 단일한 실체로 동질화, 획일화된다는 것이 결코 아님을 강변하고 있다. 그것은 경제적, 정치적, 문화적, 시민사회적, 생태적, 개인적과 같은 다양한 차원을 인정하면서, 각 다양한 차원에서 국민국가적 한계를 넘어서고 가로지르면서 초국가적 사회관계들이 성립된다는 것이다.

이러한 논의의 연장선상에서 울리히 벡은 세계화란 단순히 단방향적이거나 일차원적인 탈국가화를 의미하는 것이 아니라 지역적 특성을 새롭게 규정하는 양방향적인 변증법적 과정이라고 독파한다. 세계화의 진전과 함께 지역적 요소 역시 새롭게 강조되어야 한다는 것이다. 즉 세계화(*globalization*)의 진전과 함께 지역화(*localization*) 또한 강화되는 세계지역화(*glocalization*)가 세계화의 핵심이라는 주장이다. 이에 따라 세계화는 지구상의 다양한 지역적, 국민적 특성들을 동질화하거나 획일화시키면서 정치의 종언을 가져오는 것이 아니라 오히려 세계사회의 다양성을 부각시키면서 새로운 의미에서 정치행위를 활성화할 수 있음을 의미한다.

한편 노르베리-호즈는 세계화에 따른 지역성의 파괴를 현장보고서의 생생함으로 담아내고 있다. 그녀의 일관된 주장은 작고 지역적인 것들의 희생 위에서 크고 세계적인 것들이 성장한다는 것이다. 이를테면 지역시장과 작은 상점들이 세계화 경제에 의해 무너지고 있다. 문화와 농업의 다양성은 세계화의 논리에 의한 단일경작에 의해 무너지고, 자립은 전 세계적인 의존에 흔들린다. 공공자금으로 이루어지는 인프라 프로젝트들은 거대기업들의 요구에만 부응하고 작은 경쟁자들을 무너뜨린다. 현대의 교육은 문화 및 생태학적 배경을 무시한다. 다국적기업이 게임의 규칙을 결정한다.

벡과 노르베리-호즈 사이에는 세계화의 재구성과 세계화의 거부라는 논지의 수준에서 상당한 차이가 있지만, 흥미롭게도 세계화에 대한 응답으로서 비슷한 대안을 제시하고 있다. 세계시민사회라고 할 수 있는 '아래로부터의 대안'과 보다 작고 보다 지역적인 것으로부터 희망을 찾는 '풀뿌리 공동체'가 그것이다. 벡이 제안한 교육정책에 대한 새로운 구상, 소비의 정치화, 시민노동제의 도입, 공중기업가와 자가 노동자와 같은 아래로부터의 대안은 노르베리-호지의 지역공동체를 주축으로 하는 변화의 모색과 상당한 유사한 점을 보인다.

세계화에는 부인할 수 없는 긍정적이고 정당한 측면이 있다. 역사발전과 사회인식의 확대 측면에서 진보적인 일면을 분명히 지니고 있다. 세계화는 자급자족식의 혹은 민족문화주의적인 대응을 통해 극복되기는 어렵다. 이러하기에 세계화에 대한 거부보다는 세계화 본유의 문제의식이었던 다양성과 공존의 논리를 바탕으로 차이를 존중하고 유사를 정당화시켜야 할 것이다. 인간의 상호작용과 상호인식을 하나의 단일 공간 위에 펼쳐 놓으면서 상대방의 존재를 인정하는 공존의 논리를 인정하면서 말이다.

세계적인 것(*the global*)과 지역적인 것(*the local*)은 상대방 없이는 존재할 수 없다. 세계화의 생명력은 지구적인 것과 국지적인 것과의 조화에 있는 만큼,

세계적인 것의 일방성이나 국지적인 것의 특수성 어느 하나만으로는 안 된다는 것이다. 세계화는 다른 사회의 존재와 가치를 인정하는 데서 비롯한다는 주장을 깊이 새겨 볼 필요가 있다. 이제 다양성과 공존의 논리를 바탕으로 다름을 존중하고 같음을 모색하는 성찰적인 세계화가 의미를 발휘할 때이다.

〈교수신문〉 2000년 11월 30일
'세계화, 수용과 거부의 이분법을 넘어'

제 4 부

책과 사람의 이야기

사람이 꽃보다 아름다워지려면

약간의 취기가 돌면 우리 학생들 사이에 어김없이 한 목소리가 돼 나오는 노래가 있다. '사람이 꽃보다 아름다워'다. 노랫말에 품격이 있어 그 뜻을 곱씹어 본다. 무엇이 사람을 꽃보다 아름답게 만드는가를 말이다. 사람이 꽃보다 아름다운 것은 사람과 사람 사이, 사람과 세상 사이에 나눔이 있기 때문일 것이다. 외로움을 쓰다듬고 아픔을 보듬기 위해 모이고 희망을 약속하면서 그 속에서 무언가를 넓게 퍼트려 나갈 때, 사람이 꽃보다 아름다운 것이 아닌가 생각해 본다.

경제주간지 〈비즈니스위크〉 최근호는 미국의 기부역사를 특집으로 실었다. 미국 역사에서 가장 위대한 기부의 순간을 그 주인공 8명과 함께 소개했다. 한평생 모은 재산전부를 사회에 환원하며 부의 복음을 실천한 19세기 말의 앤드루 카네기, 미국에서 최고로 존경받는 자선가문의 대명사로 추앙되는 20세기 초의 존 록펠러, 오늘날도 위용이 대단한 재단을 만든 20세기 중엽의 헨리 포드, 100원을 벌면 60원을 기부한 이 세대의 빌 게이츠 등 하나같이 미국 자본주의 역사의 주역들이며 그 어떤 기준으로도 후대의 얘깃거리가 아닐 수 없다. 자본주의를 가장 적극적으로 실행하면서 동시에 사회적 참여와 책임을 철저하게 실천하려는 모습이다. 무엇보다도 이들이 보여준 공공성의 규범과 도덕적 의무감은 많은 것을 생각하게 한다.

근자에 들어 우리 사회도 아름다운 나눔에 대한 훈훈한 이야기가 이어지고 있다. 특히 2002년은 기억하고 싶은 일들이 제법 많이 있었다. 평생에 걸쳐 모은 재산 270억 원을 사회에 환원한 83세의 실향민 강태원 옹의 용기는 혈연에만 과도하게 집착하는 가족주의 테두리를 벗어나지 못하는 한국사회에 잔잔한 파문을 일으키기에 충분했다. 생생한 감동이 아닐 수 없다. 필자에게 2002년의 사회부문 최대 뉴스를 꼽으라고 한다면 주저하지 않고 강태원 옹의 용기를 선정하고 싶다. 그런가 하면 조그마한 나눔이 세상을 바꾼다는 전 국민 1% 나눔 운동이나 연예인의 스타 도네이션(*star donation*) 클럽 모두 우리 사회를 아름답게 만들어 보려는 귀한 노력들이다. 아직은 시작의 단계이지만 무한히 뻗어 나갈 것이라는 확신을 갖는다.

한 해의 막바지 12월이다. 여기저기 따뜻한 눈길을 보내야 할 곳이 한두 군데가 아니다. 바람은 더욱 차고 매서워지고 힘든 사람들의 어깨는 갈수록 무거워지기만 한다. 최근 발표된 통계청 자료는 가진 사람과 그러하지 못한 사람의 격차가 줄어들기는커녕 더 벌어지는 양상을 보여준다. 더불어 사회 구성원들 간의 불신은 커지기만 한다. 한 조사에 의하면 한국인의 72%가 대기업을 신뢰하지 않는다고 했다. 대기업에 대한 낮은 신뢰는 분명 한국사회가 정상의 궤도에서 많이 벗어나 있음을 의미한다.

사람이 꽃보다 아름다워지려면 나누는 사회가 돼야 한다. 특히 가진 자가 앞장서서 나누는 사회가 돼야 한다. 서양에서는 이것을 '노블레스 오블리주'라고 한다. 모두가 나눔에 함께 참여하는 사회가 돼야 한다. 이것은 시민공동체가 형성되기 위한 기본요건이다. 그리고 나누는 사람에 대해 사회가 경의를 표해야 한다. 자기의 것을 아무런 조건 없이 내놓는 용기에 대해 사회는 감사하고 경의를 표해야 한다. 아직까지 우리 사회는 이 모든 요건에서 매우 취약하다.

내일을 준비하는 오늘이 있다면 그것은 나누는 일이다. 나눔으로 가득한 이야기가 우리 주위에 많아야 하겠다. 나누는 삶과 격조가 우리가 가야 할 미래의 길이기 때문이다. 나눔이 꿈틀하면 사람이 숨 쉴 공간이 생기고, 나눔이 활짝 열리면 그 사회는 걱정할 것이 없다. 이제 사람이 꽃보다 아름답다는 노랫말의 행간에 실린 나눔의 미학을 실천할 때다.

〈서울신문〉 2002년 12월 02일
'사람이 꽃보다 아름다워지려면'

작은 것이 아름답다

미국의 신문 · 방송을 보면 '아메리칸 드림'의 일화를 가끔 접하게 된다. 대부분 평범한 소시민들의 성공담이다. 한결같이 작은 것의 아름다움을 보여주는 정감 있는 얘기들이다.

사실 미국만큼 큰 것이 아름답다는 철칙을 철저하게 숭배하는 사회도 그리 많지 않을 것이다. 작은 것이 큰 것을 넘어서는 일이 거의 불가능에 가깝다는 것을 잘 알고 있는 미국인들이기에 이를 더욱 칭송하는지도 모른다.

지난 몇 주에 걸쳐 미국 스포츠계는 또 하나의 아메리칸 드림으로 떠들썩했다. 한 경주마가 2003년 주요 경마대회에서 3관왕이라는 대기록의 수립을 눈앞에 두고 있었기 때문이다. 대기록을 이룬 우승자에게는 비자카드 회사가 내놓은 500만 달러의 보너스가 별도로 약정되어 있었다.

오늘날 경마는 거대자본이 개입하는 공룡산업이다. 말의 소유주는 거의 갑부들이다. 아랍의 돈 많은 왕자들도 이 대열에 한몫한다. 일류 기수와 조련사에 붙어 다니는 이른바 유명세도 장난이 아니다. 대자본의 논리가 개입되어 있는 것이다.

그런데 이번 아메리칸 드림의 주인공들은 경마에 붙어 다니는 이 같은 고정관념과는 너무나 거리가 먼 사람들이었다. 이름도 다소 우스꽝스럽게 붙여진 퍼니 사이드(Funny Cide)라는 말을 공동소유하고 있는 시골 고등학교 동창 6명이 화제의 주인공들이다. 몇 해 전 이들은 각자 5천 달러를 내서 말을 구입했다. 그런데 이 말이 시쳇말로 대박을 터트린 것이다. 노년으로 접어든 이들은 수학 교사, 안경집 주인, 건축업자, 은퇴자 등 지극히 평범한 사람들이다.

이들이 어느 정도 촌티가 났느냐 하면 세계에서 가장 권위 있는 켄터키 더비 매치에서 자기네 말이 우승하였을 때 어디가 우승자의 자리인지도 몰랐을 정도였다. 세금 꼬박꼬박 내고, 학교와 소방서에서 자원봉사 열심히 하는 극히 평범한 소시민이라고 한다. 여기에 조련사는 거의 무명이며, 기수 역시 페루에서 건너온 영어도 서투른 보잘것없는 이민자다. 이들 모두는 한결같이 큰 것, 대자본과 같은 모습과는 너무나 거리가 멀었다. 그런데 이들이 역사를 만든다고 하니 화제가 아닐 수 없다.

경기 당일 아예 '퍼니 사이드가 꼭 이겨야 한다'는 편파적 기사를 쓴 신문도 있었다. 그 이유는 작은 것이 만들어 낸 꿈과 희망이 스포츠에 정착되어야 할 꿈과 희망이기 때문인지도 모른다. 또 어떤 신문은 다윗과 골리앗의 싸움으로 비유하면서 현대판 다윗이 이긴 예라고 격찬했다.

사실 '작은 것이 아름답다'는 1970년대 중반 독일의 학자 에밀 슈마허가 서구 경제학을 비판하면서 인간적 규모, 탈집중화, 적정 기술을 바탕으로 한 인간중심의 경제학을 주창하면서 나왔다. 머리가 아닌 가슴으로부터의 경제학을 모색한 것이다. 그는 오늘날 과도한 이윤추구가 거대조직을 장려하고 있으며 결과적으로 경제적 비효율성, 환경오염, 비인간적 노동조건을 양산한다고 주장했다. 그 대안으로 공동소유, 지역노동과 자원을 활용한 지역적 일터를 제안하면서 더 작은 소유와 더 작은 노동단위에 기초를 둔 사회발전을 강변했다.

모두가 좀더 큰 것을 향해 쫓아다니는 사회에서 작은 것이 결실을 보는 모습을 찾기가 점점 더 힘들어진다. 오늘날 세계화의 이름으로 진행된 삶의 방식은 덩치를 크게 하는 것이다.

이를테면 미국식 자본주의 성장의 상징으로 지목되는 초대형 기업의 합병은 주식시장에서 주가를 올리는 방편으로 일반화되고 있다. 그 결과는 노동자에게는 삶의 포기를 종용하는 해고통지로 돌아오지만, 항변 한마디 하지 못하고 있다. 질주하는 자본주의 사회에서 지금이야말로 '작은 것이 아름답다'의 의미를 곱씹어 보아야 할 때다.

퍼니 사이드의 3관왕 대기록 도전이 마지막 판에서 제국의 건설자(Empire Maker)라는 이름의 경주마에 의해 좌절된 것은 우연이 아닌 듯하다. 그래서 역사는 긴장이고, 어느 누구의 것도 아니라고 하나 보다.

〈국민일보〉 2003년 6월 23일
'작은 것이 아름답다'

책은
지니고 있는 것만으로도
소중하다

책읽기를 놀이처럼 할 수는 없는지

신유목민을 꿈꾸며 다양성의 취향을 가지고 레고문명을 즐기려는 청소년들에게 책읽기는 그리 즐거운 일은 아니다. 책읽기를 컴퓨터 게임처럼 놀이로 할 수만 있다면 얼마나 좋을까 하는 생각을 해 본다. 만약 책읽기가 놀이라면 책은 고전부터 읽기 시작하라거나, 책은 생활에 대한 새로운 정보를 주고 어떻게 살 것인가를 인도해주는 만큼 항상 가까이 두어야 한다는 훈계를 중언부언할 필요도 없을 텐데 말이다.

물론 책읽기가 놀이일 수는 없다. 다만 책읽기를 위해 최소한 다음의 두 가지 강박감을 버린다면 책은 훨씬 친근감 있게 우리 청소년 옆에 다가설 수 있을 것이다.

첫째, 책을 대할 때 시작에서 마지막 장까지 모두 읽어야 한다는 강박감에서 벗어나자. 연구실을 찾아온 학생들로부터 가끔 받는 질문의 하나는 "이 책을 다 읽으셨어요?"이다. 그리 많은 책은 아니지만 양쪽 벽으로 천장까지 빽

빽이 꽂혀 있는 서가를 보고 물을 수 있는 질문이라고 생각한다. 그럴 때마다 나는 육당 최남선 문고로 대답한다. 최남선 문고는 약 2만 권 정도라고 한다. 그런데 2만 권의 분량이 어느 정도인가를 살펴보면 글을 깨우친 이후 하루도 빠짐없이 하루에 한 권씩 읽어야 할 분량이다. 물론 옛날의 책들은 활자술도 발달되지 않아 한 권에 들어가 있는 글자수가 요즘의 책하고는 양적으로 비교되지는 않지만 소장한 모든 책을 완독한다는 것은 일상생활에 비추어보면 결코 쉬운 일이 아니다.

어떤 책은 서문에서부터 마지막 장까지 완독해야 그 귀중함을 알 수 있는 책이 있고, 어떤 책은 목차만 보고 팽개치기도 하고, 아주 일부분만 보면서 인용의 글로만 이용하는 책이 있고, 어떤 책은 겉장만 보고 접어두는 책이 있으며, 그리고 어떤 책은 소장하고 있는 것만으로도 흐뭇한 책이 있음을 학생들에게 얘기한다. 그 순간 학생들의 얼굴이 금방 편안해짐을 직감하게 된다.

둘째, 책읽기를 학습의 연장으로 생각하지 말 것이며, 학습을 위하여 많이 읽어야 한다는 양의 강박감에서 벗어나자. 얼마 전부터 대학입시에서 논술과목이 도입된 이래 청소년의 책읽기는 학습의 연장으로 인식되기 시작하였다. 판에 박힌 독후감을 쓰기 위해 읽는 책만큼 흥미를 떨어뜨리는 일도 없을 것이다. 어떻게 하면 학습의 굴레를 벗어나 볼까 하는 청소년에게 학습의 연장으로서 책읽기는 책의 내용과는 무관하게 흥미로울 리가 만무하다.

젊을 때는 유난히 유혹이 많다. 일상으로부터 벗어나 어디 낯선 곳으로 가고 싶다거나 엉뚱한 일을 저지르고 싶다는 충동 속에서 얼마나 많은 번민과 갈등을 하고 있는가. 특히 10대는 삶에서 가장 번민스럽고 또한 가장 재미있는 시기이다. 따라서 한눈팔기가 쉽다. 모든 것이 공부의 연장선상에서 나오는 어른들의 훈계나 잔소리는 청소년들이 한눈이나 팔기만을 기다리고 있는 듯하다. 훈계나 잔소리를 즐거운 기분으로 들었다는 10대는 그 어떤 기록에서도 찾아볼 수 없다. 책읽기에 너무 엄격한 주문을 하지 말고 유연함을 가질 필요가 있다.

책의 혁명은 정보시대에서도 여전히 유효하다

어느 사회, 어느 시대를 막론하고 개인의 삶과 사회의 질서는 책에서 비롯하고 책에서 완성되었다. 그것이 농업문명의 시대이건, 산업문명의 시대이건, 정보문명의 시대이건 말이다. 흔히들 정보사회에서의 책은 생명을 다한 듯이 얘기하는 경향이 있다. 그러나 그것은 적절하지 못한 단견이다. 다만 정보 전달의 매체와 방식이 변화한 것뿐이다. 읽기 자체가 없어진 것이 결코 아니다. 근래에 부쩍 자주 거론되는 e-북이나 e-저널도 오늘날의 정보화의 매체를 적극 활용한 책의 변용에 불과하다. 따라서 정보사회와 책을 대립적 명제로 설정하는 것은 적절하지 않다. 정보시대에서도 책의 혁명은 여전히 유효하다.

독서의 완성은 활자가 전달하는 의미에 대한 이해를 넘어 행간의 여백, 한 장 한 장 넘기는 여유를 짚어나갈 줄 알 때 비로소 이루어진다. 책에는 컴퓨터 화면과는 또 다른 인간의 숨결이 있다. 인터넷을 통해 얻은 새로운 정보의 기쁨만큼이나 한 장씩 넘기며 되새기는 사색과 성취감은 청소년 시절에 꼭 맛보아야 할 경험이다.

청소년은 그 어떤 세대와도 비교되지 않는 뛰어난 감각과 감흥을 가지고 있다. 그러나 감각과 감흥만으로는 미완성이다. 지식과 지혜에 의한 상상력과 결합할 때 비로소 빛을 발할 수 있다. 지식과 지혜는 여전히 책에서 비롯된다. 좋은 책을 읽는다는 것은 과거의 훌륭한 사람들과 대화하는 것이라는 데카르트의 명언을 귀담아들을 필요가 있다. 청소년의 생명은 상상력에 있다. 상상력을 잃은 청소년은 더 이상 청소년이 아니기에 말이다. 책과의 만남은 자기표현의 욕구가 강한 청소년에게 자신들만의 개성을 찾아가는 길잡이고,

상상력의 보고라는 선인들의 말씀은 정보사회에서도 여전히 적용된다.

정보사회의 문명은 미래사회의 모습에 대해 자못 도전적인 제안을 담고 있다. 그것은 유토피아적 환희를 불러올 수도, 디스토피아적 파국을 불러올 수도 있다. 어떤 사회가 도래할 것인가의 문제는 우리 사회가 가꾸는 책에 대한 성찰 역량에 달려 있다. 특히 청소년은 자신이 가진 감각과 자유를 구사함으로써, 스스로를 무미한 모조품 대신 창작품이 되도록 희구하면서, 자신을 창조할 수단을 가지고 있어야 한다. 책 속에는 여전히 많은 것이 있다.

10권의 《어린왕자》

지난 8월 필자는 독일 함부르크 카슬대학에서 미술평론을 전공하는 교수 집에서 이틀을 숙박할 기회가 있었다. 마침 필자가 묵었던 방은 서가였다. 정돈되지 않은 채로 양쪽 벽면에 책이 들쭉날쭉 꽂힌 서가에서의 취침은 그 나름대로 운치가 있었다. 시차적응도 아직 완전하지 않은 상태였기도 하였고 어떤 책들인지도 궁금하고 해서 한 칸 한 칸 살펴보았다. 갑자기 나의 시선을 끄는 곳이 있었다. 생텍쥐페리의 한국어판 《어린왕자》가 있는 것이 아닌가. 눈이 번쩍 뜨였다. 그 옆으로 불어, 영어, 독일어, 러시아어, 중국어, 일본어, 이태리어, 스페인어, 스웨덴어판 《어린왕자》가 한 줄로 나란히 꽂혀있었다. 각기 다른 디자인과 색깔로 채색된 표지는 10편의 각기 다른 《어린왕자》를 만나는 기분이었다.

다음 날 아침 10권씩이나 되는 《어린왕자》에 대해 물어 보았다. 독일교수의 대답은 이러하였다. "책은 지니고 있는 것만으로도 소중하다."

〈이달의 책〉 제40호, 2001년 11월 30일
'정보시대 청소년의 문화양식과 책읽기'의 일부

읽을수록 향기로운 책

《채근담》을 제자에게 건네며

얼마 전부터 나는 마음에 깊은 정은 두면서도 정작 교실에서 그 정을 표현하지 못했던 제자가 오랜만에 찾아오면 서가에 꽂혀 있는 책을 주곤 한다. 무언가 아쉬움이 남아 있던 제자인지라, 내 손때가 좀 묻고 평소에 못다 한 이야기를 할 수 있는 것으로 어떤 책이 좋을까 고심할 것도 없이 《채근담》(菜根譚)에 손이 간다. 제자가 돌아간 다음 교내서점에 들러 다시 하나 구입해서 책장에 자리를 잡아두는 즐거움은 말로 표현할 수 없을 만큼 크다. 씹을수록 새로운 맛이 나는 미문 몇 구절을 읽으면서 흥얼거리기도 한다.

내가 《채근담》을 처음 대하게 된 것은 20대 초반의 어느 때였던 것으로 기억한다. 사실 그때는 《채근담》의 진미가 무엇인지도 모르고 그저 교양 100선의 하나로 읽었다. 단지 선비의 몸가짐과 마음가짐이 이러해야 하는구나 하는 정도였다. 아주 어렴풋이 동양적 인간학을 느낄 수가 있었다. 이제 나 나름의 목소리가 담긴 글을 쓰고, 내 글에 대한 평가도 초조하게 기다리면서 강

조지훈 주해, 《채근담》(1996)

단에서 학생을 가르치는 위치에서 다시 보는 《채근담》의 맛은 깊기만 하다.

사실 《채근담》은 그리 재미있는 책은 아니다. 체계적 철학서적도 아니다. 이해하기 쉬운 것도 아니다. 화려하지도 않다. 이 시대의 삶의 방식에 비추어 볼 때 비현실적인 대목도 많다. 그리고 너무나도 당연한 말을 중언부언하여 신선감을 떨어뜨리기도 한다. 어지러운 세상을 피하여 시골로 낙향하는 소극적 처세관은 언뜻 보기에 이 시대가 요구하는 삶의 논리와는 거리가 멀다고 느껴지기도 한다. 이런 책이 새로운 천 년 단위의 종지부와 시작이 교차하는 밀레니엄의 시대에 무슨 의미가 있겠는가 하는 질문을 던질 수도 있다. 내 자신도 《채근담》을 처음 대했을 때 가졌던 감흥이라면 은은한 맛 정도였던 것으로 기억한다.

그러나 잠시 사람 살아가는 섭리를 생각해보며 글이라는 것도 써보고 강의라는 것을 해보니, 중언부언은 다 이유가 있다는 것을, 소극적 처세가 어떤 시대적, 역사적 의미가 있는지를 조금은 알 수 있을 것 같다. 그리고 먼 옛날 사람들의 이야기로만 들리던 나물뿌리(菜根)의 현대적 의미도 이해할 수 있을 것 같다. 알기는 쉬워도 행하기는 참으로 어렵다는 것을 깨닫게 되면 논점의 되풀이는 아무리 강조해도 결코 흠되지 않을 것이다.

모든 것이 훈련이며, 훈련은 반복으로 이루어진다고 하지 않던가. 가장 고귀한 덕목이라고 하는 민주주의도 역시 반복적 훈련을 통해 완성된다. 소극적 태도가 자신과의 약속과 인격, 그리고 도의를 지키기 위해서는 오히려 가장 적극적인 정신의 표현이 아니겠는가 하는 생각이 든다. 이것은 일시의 하찮은 욕심이 아니라 영원에 대한 신념이기 때문이다. 나물뿌리를 씹으면서 인생역경을 체득한다는 가르침이 어디 옛날 사람들한테만 적용되는 것이겠는가.

조지훈 선생은 《채근담》을 마치 나물뿌리의 담박(淡泊)한 맛이 씹을수록 달듯이 읽을수록 향기로운 책이라 하면서, 세상 사람들과 더불어 화평하고 즐거워하되, 그 더러움에 물들지 않고, 고상하고 우아한 경지에 뜻을 두어도 더할 수 없이 높고 뛰어나다는 생각에 빠지지 않게 하는, 진실로 좋은 스승이라고 칭송한 바 있다.

그렇다. 《채근담》은 우리가 몸담고 있는 현실 속에서의 기쁨과 절제 그리고 완성과 미완성의 의미를 모두 보여주는, 씹을수록 그윽하고 깊어지는 맛을 담고 있다.

혹시 마음에 드는 대목에 밑줄을 긋거나 방점을 찍으려고 하면 두려움이 앞선다. 다음에 읽을 때의 밑줄과 방점은 분명 다른 데일 테니까 말이다. 청년기에 읽은 《채근담》과 장년기에 읽은 《채근담》이 다르며, 다급한 마음으로 읽은 《채근담》과 넉넉한 마음으로 읽은 《채근담》이 다르다. 《채근담》만큼 읽는 사람에 의해, 상황에 따라 다르게 그려지는 고전도 그리 많지 않을 것이다. 내가 제자에게 이 책은 건네주고, 또 새 책으로 서가를 채우고, 또 건네주고 하는 것도 이렇듯 씹을수록 나오는 다른 맛 때문일 것이다.

《채근담》의 소개

《채근담》은 중국 명나라 홍자성(洪自誠)의 어록이다. 2권으로 구성되어 있다. 전권에서는 주로 벼슬한 다음에 사람들과 사귀고 직무를 처리하는 내용을, 후권에서는 주로 은퇴 후에 산림에서 한가로이 거니는 즐거움을 말한다.

《채근담》은 유교사상을 기조로 하고, 이에 불교와 도교의 사상을 가미한 유불도 3교 합일사상에 토대를 둔다. 단순히 유교, 불교, 도교의 서적을 인용하는 데 그치는 것이 아니라, 한 걸음 더 나아가 이들의 공통된 진리성을 추구하고 있는 것이다. 동양적 인간학의 진수로 간주되는 까닭이 여기에 있다.

이 책의 화두인 '채근'은 여러 가지의 의미가 함축되어 있다. '채근'이란 글자 그대로 나물의 뿌리를 말하는데, 그 유래는 송나라 때의 왕신민이라는 학자가 "사람이 항상 나물뿌리를 씹을 수 있다면 가히 모든 일을 이루어낼 수 있다"고 한 데서 유래한 것이다. 사람이 일상 초근목피와 같은 검소한 음식을 달게 여겨 그 담담한 맛에서 참맛을 느끼고 모든 일을 참고 견디면 어떠한 일이라도 안 되는 일이 없을 것이라는 뜻이다.

맛있는 음식을 구하지 않고 항상 채근과 같은 거친 음식을 달게 여기며 사는 사람은 어떤 일이라도 성취할 수 있다는 것이다. 채근이라는 말에는 빈곤한 생활이라는 의미가 내포되어 있으므로, 빈곤의 생활을 견디어낼 수 있는 사람은 인생의 모든 일을 달성할 수 있음을 의미하기도 한다. 그리고 채근의 진미를 모르는 자는 기름진 고기 맛에 반하여 하찮은 명예와 이익에 팔리고 눈앞의 이익에만 끌린다는 교훈도 함축하고 있다. 헛된 욕망을 버리고 검소한 생활을 통해 충실한 인생을 보내라는 교훈이다. 뿐만 아니라 채근은 딱딱하고 근질이 많으므로, 채근을 잘 씹을 수 있는 것은 사물의 참맛을 맛볼 수 있는 사람임을 의미한다. 요컨대 채근 속에 참맛이 있다는 것이다(菜根中有眞味).

《채근담》은 저자 자신이 청렴한 생활을 하면서 인격수련을 게을리 하지 않으며, 인생의 온갖 고생을 맛본 체험에서 우러나온 주옥같은 명상이다. 이러하기에 이 책을 한 번 펼치면 몸을 높은 곳에 두고 인생의 광경을 내려다보는 듯하고, 어디서인지 모르게 심기일전하는 맑은 바람이 불어오는 것을 느끼게 된다. 인생 역경에서 얻은 진리인지라 심산유곡의 샘물처럼 화려한 채색에 기죽지 않으면서 은은히 그리고 끊임없이 솟아 나오고 있다.

《채근담》은 어지러운 세상에서 어떻게 몸을 가다듬어야 하며, 좁고 누추한 곳에서도 즐거움을 찾을 수 있는가를 가르쳐준다. 이런 점에서 중국의 고전임에도 불구하고 《채근담》은 우리에게 오랫동안 자신의 본분을 지키면서 불의에 빠지지 않는 수신의 으뜸 훈육의 하나로 애독되어 왔다. 옛날 사대부 집에서는 어린 시절부터 회초리를 맞으며 채근의 가르침을 받았다고 한다. 어딘가 우리 한국인의 정서에 깊이 호소하는 바가 있음이 분명하다.

《채근담》의 번역과 해석이 우리나라 근대사의 거목인 만해 한용운 선생과 현대 문학사의 큰 기둥인 조지훈 선생에 의해 이루어졌다는 것이 결코 우연은 아니다. 《채근담》에는 한국적 정신과 정서를 온몸으로 실천한 지사들이 권할 만한 내용과 격식을 갖추고 있다.

《채근담》의 매력: 빙산의 일각과 역경의 철학

나는 《채근담》을 접할 때마다 평소 존경하는 선배로부터 들은 '빙산(氷山)의 일각(一角)'을 떠올리곤 한다. 빙산의 일각은 우리의 일상적 의사소통과정에서 자주 오고가는 편한 문구다. 그러나 이것의 의미를 곰곰이 생각해 보면 그 속에 오묘한 진리가 있음을 알게 된다.

수면 위에 조그만 모습을 드러내기 위해서는 수면 밑에 거대한 얼음덩이가 존재해야 한다는 깊은 뜻인 것이다. 수면 위에 나와 있는 한 조각의 얼음은 이것보다 몇십 배 혹은 몇백 배 큰 거대한 얼음덩이에 의해 떠받쳐져 있다는 사실이다. 수면 위의 일각은 대서사의 전주에 해당하는 치장에 불과하다. 큰 얼음덩이는 수면 위로 얼굴 내미는 것에 연연해하지 않는다. 앞에 나서려고 버둥거리지도 않는다. 묵묵히 쳐들어 받치는 수면 아래의 거대한 내면이 있기에 화려한 일각이 가능한 것이다.

받쳐주는 수면 밑의 구각(九角) 없이 어찌 일각(一角)이 있을 수 있겠는가 말이다. 그것은 가볍게 나서지도 않는지라 그 무게가 어느 정도이고 어떤 자태를 가지고 있는지 가늠하기가 어렵다. 가까이 근접하기 쉽지 않으며 동시에 쉽게 파악되지도 않는 거대한 힘이다. 동양의 마음가짐이자 행동거지다.

우리는 《채근담》을 대하면서 수면 위의 일각을 떠받치는 거대한 얼음덩이 같은 존재를 만날 수 있게 된다.

나는 《채근담》을 대할 때마다, 독서의 완성은 활자가 전달하는 의미에 대한 이해를 넘어 행간의 여백을 짚어나갈 줄 알 때 비로소 이루어진다는, 대학 시절 어느 노교수의 선담을 생각하곤 한다.

행간의 여백은 어떻게 채워지는 것인가. 그건 바로 상상력(*imagination*)에 의해서만 가능하다. 상상력은 일상생활의 친숙성으로부터 우리 자신을 한 걸음 물러나게 하면서 사물과 현상을 새롭게 바라볼 수 있도록 한다. 우리들 자신에 대한 어떠한 믿음에 대해서도, 그것이 아무리 깊이 간직된 믿음이라 하더라도, '정말 그런가?' 하는 의문과 물음을 가지는 것에서 상상력은 시작된다. 청년의 생명력은 상상력에 있다. 상상력을 잃은 청년은 생물학적 나이만 청년이지 더 이상 청년이 아니기에 말이다.

젊었을 때는 유난히도 유혹이 많다. 일상으로부터 벗어나 어디 낯선 곳으로 가고 싶다는 충동 속에서 얼마나 많은 자신과의 갈등을 하고 있는가. 특히 10대는 삶에서 가장 번민스럽고 또한 가장 재미있는 시기이다. 그러하기에 자연 한눈팔기가 쉽다. 이 모든 것이 역경이다.

미국의 철학자 애머슨은 역경은 청년에게 있어 빛나는 가치라고 설파한 바 있다. 고생해서 성공한 사람의 인생에는 엄격하면서도 말할 수 없는 인간미를 느낄 수 있다. 그러나 만사가 순조로운 환경에서 자란 사람에게서는 그런 분위기를 느낄 수 없다. 학교에서 배운 학문적 지식은 있을지 모르지만 모진 역경을 겪은 사람이 가지고 있는 깊이가 없다. 고리타분한 얘기처럼 들릴지 모르지만 분명한 것은 이것이 옳다는 것이다.

우리는 《채근담》 속에서 이런 역경의 모진 모습과 이를 헤쳐 나가는 지혜를 찾아볼 수 있다. 어렵고 힘든 곤궁의 시기에 《채근담》만큼 풍부한 상상력을 제시하는 서적도 그리 많지 않을 것이다.

《채근담》은 성공한 사람에게도, 실패한 사람에게도 똑같은 교훈과 처세의 길을 열어준다. 이 책을 읽어 내려가다 보면 이것이 바로 나를 두고 하는 말이구나 하는 생각을 너나 할 것 없이 하게 된다. 《채근담》의 참된 매력은 어떤 때는 가슴을 펴고 현실에 부딪치는가 하면, 또 어떤 때는 현실로부터 도피하면서 어떻게 해서든지 자신에 충실하여야 함을 보여주는 것에 있다.

외환위기를 겪으며, 한강의 기적은 환상이며 성장의 신화는 일그러진 영웅으로 종지부를 찍을지도 모른다는 상황에 처한 오늘, 채근의 교훈에 귀 기울이지 않을 수 없다. 현명한 사람은 앞으로 다가올 문제를 마치 발등에 떨어진 불처럼 대처한다. 과거 우리의 모습에 대한 질책이다. 그리고 채근은 우리에게 정직할 것을 요구한다. 아마도 IMF의 격동이 우리에게 요구하는 눈물 나도록 매서운 교훈은 정직하라는 주문일 것이다.

이 시대 우리의 청년들이 역경의 호연지기(浩然之氣)를 《채근담》에서 배웠으면 한다.

한국사회문화연구원 편, 《내 인생을 바꾼 이 한 권의 책》
'읽을수록 향기로운 책, 채근담'

10년 후 한국

I

역사는 대단히 선택적이다. 과거의 무엇을 들추어내고 어떤 사건을 기억하고 어떻게 기록하느냐에 따라 오늘에 대한 평가는 물론이고 미래를 위한 교훈도 달라지기 마련이다. 오늘에 살고 있으나 기억의 역사, 기억의 정치에서 자유롭지 못한 것도 이러한 이유에서다.

지난 10년의 세상사를 단품의 글로 담아내려 한 것은 10년 후의 한국을 그려보기 위함이다. 지금의 변화를 늠름히 받아들이면서 희망과 기대를 놓지 않기 위기 위함이며, 과거와 미래를 소통시켜보기 위함이다. 한국사회의 오늘을 진단하며 한국사회의 행로를 제안하기 위함이다.

II

무엇을 글의 소재로 선택할 것인가의 고심은 글쓰기를 항상 주저하게 만든다. 이 책은 IMF체제 100일을 지나며, 3년을 지나며, 구조조정의 틀에 갇힌 한국인의 사회심리를 읽어내려 가는 것으로 물꼬를 열었다. 과거를 잃어버리고, 자신이 정체성마저 흔들리는 한국인의 처지에 주목한다.

과거를 버렸으면 미래는 손에 잡혀야 하는 것이 순리이며, 그것이 버린 과거에 대한 적절한 보상이다. 그러나 과거를 버린 한국인의 마음 한가운데는 손에 잡히지 않는 미래에 대한 불안이 자리잡고 있다. 나의 미래를 보장해주지 못하면 나의 정체성을 붙잡고 있었던 그 어떤 것에도 연연해하지 않고 훌훌 털어버리겠다는 생각이 팽배해졌다.

혹자는 지난 10년을 '잃어버린 10년'이라 이야기한다. 무엇을 잃어버렸는가? 대답을 찾기 위해 잠시 멈칫거리는 동안 질문을 조금 비틀어서 던져본다. 지난 10년의 지평에서 다시 한 번 가봤으면 하는 감동적인 지점은 몇 군데나 있는지. 2002 월드컵의 거리, 그리고는 선뜻 떠오르는 것이 없어 보인다. 한 번쯤 다시 만나고 싶은 이야기가 별반 없다는 것이다. 이쯤 되면 잃어버린 10년이라는 시대의 규정에 이의를 달기 어렵지 않나 싶다.

잃어버린 10년으로 들어선 원인에 관심을 둔다. 한국사회가 지식의 자기자본비율(BIS)에 너무 무지했거나 아니면 너무 인색했다는 점을 주시하려 한다. 구한말 대원군이 쇄국이라는 이름으로 대책 없이 밖을 향해 문을 걸어 잠근 것이나, 김영삼 정부가 대책 없이 밖으로의 문을 활짝 열어젖힌 것이나, 김대중 정부가 대책 없이 밖의 요구를 들어준 것 모두 안과 밖의 역량과 논리를 몰라 벌어진 일 들이다. 글로벌과 로컬의 소통에 유연하지 못했기 때문이다. 김영삼 정부가 바깥세상의 물정을 모르고 용맹스러움만 앞세워 무모하게 덤빈 기사로 비유된다면, 김대중 정부는 IMF학교의 유순한 학생으로 비유된다.

아울러 투명성에 대해 사회 전체가 너무 둔감했음을 주시하려 한다. 관행이라는 이름으로, 정실의 문화를 탓하면서, 혹은 거래비용을 줄여준다는 경제적 이유로 우리 모두는 투명성의 문제를 오히려 모른 척 덮어 두었다. 사실 외환위기 이후 IMF의 관리체제에서 가장 힘들었던 대목은 기존의 한국식 사회운영 방식을 용인할 수 없다는 통첩이었다. 한결같이 한국사회가 불투명하다고 진단하면서 투명해질 것을 요구하였다. 더 난감했던 것은 이들 요구의 종착지는 국제금융자본이 가지고 있는 대외신임도 기준에 도달할 때까지였다. 구제금융을 신청한 국가에 대한 외국자본의 요구는 매몰찼다. 우리는 이들에게 곳간 열쇠만 맡긴 것이 아니라, 아예 안채를 내준 셈이다. 한국인의 자존심이 설 자리는 그 어디에도 없었다.

유난히 고통분담이 역설되었다. 국민정서에 기댄 금모으기, 달러모으기의 캠페인도 이의 연장선에서 진행되었다. 고통분담의 사회화가 강변된 것이다. 지금은 사라진 대우경제연구소의 자료에 의하면, 1997년 1.5의 고통지수가 1998년에는 20.9로 1년 만에 약 14배의 고통이 증가한 것으로 나타났다. 당시의 절박했던 한국인의 사회심리를 극명하게 보여주는 대목이다. IMF 외환위기 10년은 이렇게 척박하게 시작하였다.

모험과 도전이 전혀 없었던 것은 아니지만 현실에서의 생존과 적응을 넘어서기에는 역부족이었다. 벤처, 창업이 해결사인 것처럼 대대적으로 홍보되었지만 정작 성공사례는 세미나 발표에서나 들어볼 수 있는 그야말로 사례에 지나지 않았다. 대박의 포부는 쪽박의 거품으로 꺼지기 일쑤였다. 노력하면 성공이 가능하다고 생각하는 사람은 갈수록 줄어들어, 최근의 한 조사에서는 우리나라 국민의 7.3%만이 이에 동의하는 것으로 나타났다. 공무원 열풍이 몰아치고, 기업의 투자 포트폴리오는 점점 더 보수적인 성향을 보인다. 방어경영이 대세를 이루는 것도 이와 무관하지 않다. 사회는 동력의 모멘텀을 좀처럼 찾지 못한다. 그런가하면 과도한 쏠림현상이 한국사회를 지배하며, 양극화 담론이 한국사회를 휘감는다.

2002 월드컵은 또 다른 체험이었다. 서구사회의 전유물로만 생각했던 축제, 광장, 하나됨이 무엇인지를, 그리고 그것이 우리의 것이 될 수 있음을 확인한 것이다. 비록 그리 길지 않은 기간이었지만 한국인은 모두 행복했다. 마

치 세계가 한국을 중심으로 자전과 공전을 한다고 착각할 정도였다. 축제와 광장의 맛과 멋은 젊은 세대를 정치의 장으로 끌어드리는 결정적 계기가 되었다.

노무현 참여정부 출현의 일등공신은 월드컵이다. 월드컵이 정권창출의 원천! 생뚱맞게 무슨 얘기냐고 물을지도 모르겠지만, 논리는 이러하다. 축제의 기억, 광장의 경험, 참여의 학습은 20대의 이른바 N세대를 투표장으로 발길을 옮기게 만들었다. 이들은 본디 탈정치화된 문화세대다. 이들은 나홀로 골방의 공간을 즐기며 정치에는 무관심한 세대다. 이런 세대들이 월드컵의 광장과 참여의 맛을 보았고, 이는 곧 있었던 대통령 선거로 이어졌다. 여기에 386세대의 인터넷을 앞세운 진지전이 이들 N세대를 움직이는 견인 역할을 하였다. 결국 이들의 투표 참여숫자만큼 득표에서 이겼다. 참여정부 출현의 견인차였던 것이다. 세대의 정치가 등장한 것이다.

역대 정부 중에서 참여정부만큼 그 트레이드마크가 분명한 정부도 없는 것으로 보인다. 출범 자체가 역동적이었던 만큼 그 안에는 긴장이 내재되어 있었다. 무엇보다도 한국사회의 주류교체를 둘러싼 세력간의 갈등이 참여정부 5년 내내 이어졌다. 참여정부의 키워드인 진보, 개혁코드, 참여, 탈권위는 과거와는 다른 형태의 기존의 질서에 대한 강한 거부였다. 그러나 정당정치에 기반을 둔 합리적 진보로서의 면모는 매우 취약하였다. 민주주의의 질은 나아지지 않았다. 아마도 가장 곤혹스러워하는 비판일 것이다.

III

외환위기의 원인이 어디에 있었던, 이로 인한 사회의 변화를 늠름하게 받아들이며 이제 무엇을 어떻게 할 것인가를 생각해본다. 그동안 IMF 외환위기를 겪으면서 한국사회에 쏟아진 지탄을 정리하면 다음과 같은 항목들이다. 총론만 있고 각론이 없다. 본지에서 벗어나 주변의 문제에 매달리기 일쑤다. 무엇을 아느냐보다 누구를 아느냐가 중요하다. 갈등과 분쟁에 대한 타협과 조정이 취약하다. 맞짱은 쉽게 붙지만 좀처럼 퇴로나 출구를 찾지 못한다.

이 모든 문제를 관통하는 핵심은 소통이다. 앞으로 10년의 지혜를 소통에서 찾으려는 것도 이러한 까닭에서다. 사전을 열어보면, 소통(疏通)이란 막히지 않고 잘 통한다, 뜻이 서로 통하여 오해가 없다는 뜻으로 풀이된다. 경계를 넘나드는 것이며, 칸막이를 허무는 것이며, 다른 곳을 품는 것이다.

역사는 반복된다는 명제를 굳이 들추지 않더라도 과거와 미래의 소통은 지난 10년의 비싼 대가에 대한 최소한의 준비다. 무엇보다도 한 번 흔들린 사회의 정체성을 되돌리는 일이 그리 간단치 않음을 명심하면서 말이다. 글로벌과 로컬의 소통은 이 시대에 통용되는 최대 어젠다의 하나다. 세계화를 하겠다는 것은 세계사회와 소통을 하겠다는 얘기다. 구호와 열망만으로 나라 밖을 대했다가 낭패를 본 한국이기에 이는 더욱 절실하다.

이제 한국사회를 구성하는 씨줄과 날줄의 소통을 중시하지 않을 수 없다. 우리 사회 안에는 동과 서, 좌와 우, 빈과 부, 위와 아래의 구획이 지역의 이름으로, 이념의 이름으로, 계급의 이름으로, 연령과 세대의 이름으로 복잡하게 얽혀 있다. 복잡하게 얽힌 구별짓기를 어떻게 소통으로 옮겨 내느냐에 지역정치, 이념정치, 계급정치, 세대정치의 미래가 달려 있다.

책과 사람의 소통은 문명의 원단으로서 재론할 필요가 없을 것이다. 어떤 사회를 만들어 낼 것인가의 문제는 우리 사회가 가꾸는 책에 대한 성찰에 달려있기 때문이다. 총론만 있고 각론이 없는, 본지에서 쉽게 벗어나 주변에 매달리는 것을 보면서 우리 사회가 책이 만들어내는 역량을 체득하지 못한 것에서 비롯한 것이 아닌가 생각해본다.

그리고 지켜봄과 불러봄의 소통에도 방점을 찍어야 한다. 작용과 반작용, 주체와 객체, 무대와 객석, 참여와 무관심, 그 어느 하나 필요하지 않은 것이 없다. 이분법적인 단절이 우리 사회를 얼마나 척박하게 만들었는지를 지난 10년의 역사는 말해준다. 이제는 지켜보기도 하고, 불러보기도 하는 유연한 소통이 요구되는 지점이다.

IV

'10년 후 한국은?'의 물음을 던져 본다. 이렇게 되었으면 하는 기대 같은 것 말이다. 공정한 룰이 통용되는 사회이어야 한다. 이 시대 사회운영의 질서는 시장을 통한 자유경쟁을 근간으로 한다. 그러나 시장의 기제는 효율적이기는 하지만, 결과가 균등하지는 않다. 이러하기에 과정은 공정하여야 한다. 시장을 통한 경쟁에는 필연적으로 승자와 패자가 있게 마련이고, 승패는 균등하지 않은 분배를 수반한다. 패자가 결과까지 수용하기 위해서는 과정이 공정해야 하는 것이다. 공정성을 강조하는 까닭이 여기에 있다. 시장의 권위는 과정의 공정에 기초한 사회적 승인이 동반될 때 그 위력을 보일 것이다. 그리고 패자에게는 다음의 기회가 주어지는 사회이어야 한다.

이긴 자뿐만 아니라 패배한 자도 당당할 수 있는 제도가 민주주의다. 어떤 의미에서 민주주의는 편가름의 제도다. 편가름이 승자와 패자를 갈라놓지만, 재기가 가능하고 만회가 가능하고 타협이 가능한 제도가 민주주의다. 그 어떤 시스템과도 비교할 수 없는 민주주의의 묘미다. 절차적 민주주의를 넘어 실질적 민주주의의 정착을 무한히 강조하는 까닭이 여기에 있다. 10년 후 한국사회의 모습은 민주주의의 묘미에 흠뻑 취한 사회여야 한다.

10년 후 한국사회는 우연한 횡재나 역사의 변덕에도 흔들림이 없는 사회여야 한다. 재주나 기교보다는 근본에 충실한 사회여야 한다. 그 토대는 역시 인재가 많고, 신뢰가 구축된 사회일 것이다. 인적자본과 사회자본이 풍부한 사회다. 물리적으로 제한되어 있는 물적자본과는 대조적으로 인적자본과 사회자본은 어떻게 하느냐에 따라 그 규모와 범위를 무한히 늘릴 수 있다.

다른 곳을 사유하는 사회여야 한다. 더 이상 다르다는 이유로 이단이 되지 않는 사회, 더 이상 이방인이 없는 사회 말이다. 극과 극을 아우르는 융합의 사회여야 한다. 성을 쌓기 보다는 길을 만들고 끊임없이 이동하는 사회여야 한다. 이동, 접속, 융합의 길은 우리를 항상 새로운 성찰의 지점으로 데려다 준다.

10년 후 한국을 조망함에 있어 로마인 이야기를 다시 한 번 언급하지 않을 수 없다. 타민족에 대한 로마인의 유연성과 개방성이 로마가 누렸던 천 년 번영의 근간이었음을 말이다. 지식으로는 아테네보다 못했고, 전투력에서는 스파르타에 견줄 수 없었던 로마가 유럽 역사의 중심에 오래 설 수 있었던 것은 로마인이 끌어안은 글로벌 마인드다. 다름을 인정하고 같음을 모색하는 개방적 자세와 더 이상 폐쇄적인 경계는 없다는 유연한 자세를 이 시대의 과제로 설정해야 할 것이다.

한국사회는 지난 반세기 동안 분단의 질곡 속에서 경제국을 만들어내고 민주화를 달성하며 문화국가로서의 품과 격을 갖추기 위해 질주하였다. 이제 질주하는 사회로 비친 한국사회의 고리를 끊어야 한다. 오늘의 한국사회를 만드는 원천이었던 산업화의 진취성, 민주화의 진취성, 정보화의 진취성에 성숙한 문화가 함께 배양되어야 할 것이다. 역동의 한국(*Dynamic Korea*)을 넘어 매력의 한국(*Beautiful Korea*)으로 자리잡아야 한다.

10년 후, 한국의 깊은 정, 한국의 속살, 한국의 매력이 세상 속으로 드러나는 눈부심으로 다가오기를 재촉한다.